PARKS UND GÄRTEN IN BERLIN UND POTSDAM

PARKS UND GÄRTEN IN BERLIN UND POTSDAM

Text von
Clemens Alexander Wimmer

Nicolaische Verlagsbuchhandlung Berlin

Herausgegeben vom Senator für Stadtentwicklung und Umweltschutz

– Abteilung III / Gartendenkmalpflege –

3. überarb. Auflage 1989
© Nicolaische Verlagsbuchhandlung Beuermann GmbH, Berlin
Satz: Typologika Fotosatz GmbH, Berlin (aus der Walbaum)
Lithos: O.R.T. Kirchner + Graser GmbH, Berlin
Printed in Germany
ISBN 3-87584-267-7
1. Auflage Februar 1985, 2. Auflage Juli 1985

INHALT

EINLEITUNG

Ein Gebiet wie Berlin, das bis zur Eingemeindung 1920 aus acht selbständigen Städten, 59 Landgemeinden und 27 Gutsbezirken bestand, hat naturgemäß eine große Vielfalt an Gärten aufzuweisen. Am Anfang stehen die Gärten des Herrscherhauses: Charlottenburg, Friedrichfelde und Bellevue. Die Hohenzollerngärten um Potsdam: Sanssouci, Neuer Garten, Pfaueninsel, Glienicke und Babelsberg bilden dank dem Wirken des großen Gartenkünstlers Lenné eine Einheit, die auch die politische Teilung nicht aufzuheben vermag. Bedeutende Adelsgärten waren Niederschönhausen und Monbijou. Von den Gutsgärten dieser Zeit werden Britz, Marienfelde und Tegel vorgestellt. Die Gartenkunst wurde damals weitgehend am Hofe und von den Hofgärtnern entwickelt. Entgegen einer weit verbreiteten Ansicht waren die größeren fürstlichen Gärten öffentlich zugänglich.

Der Nutzen für die Bevölkerung stand erstmals im Vordergrund beim Ausbau des Tiergartens seit 1742. Ende des 18. Jhs. führten dann Industrialisierung, Aufklärung und Revolution zur Idee des Volksparks im Gegensatz zum Schloßpark. Im größeren Umfang entstanden Volksparks allerdings erst seit der 2. Hälfte des 19. Jhs., als die Verstädterung beängstigende Formen annahm und den grünen Ausgleich unumgänglich machte. Als große Marksteine der Entwicklung in Berlin entstanden 1846 bis 1939 Friedrichshain, Humboldthain, Treptower Park, Viktoriapark, Schillerpark, Jungfernheide, Rehberge, Mariendorf, Wuhlheide und Hasenheide. Die übrigen Städte, Vorortgemeinden und später die Bezirke sorgten seit Ende des 19. Jhs. ihrerseits für Stadtparks und öffentliche Grünanlagen. Das Gartenwesen lag nun überwiegend in Händen der städtischen Gartendirektoren. Dies waren von 1870 bis 1929 Gustav Meyer, Hermann Mächtig, Alfred Brodersen und Erwin Barth.

Als naturkundliche Lehrgärten wurden 1897 der Botanische Garten und 1919 der Brixplatz angelegt.

Mit der planmäßigen Stadtbebauung, die für Berlin seit der Gründung des Deutschen Reiches bisher nicht bekannte Ausmaße annahm, entstanden zahlreiche grüne Stadtplätze, zunächst überwiegend als Schmuckanlagen, später mehr und mehr als Gartenplätze. Der Stoff reicht für ein weiteres Buch, die Grenzen zu Parkanlagen sind oft fließend. Hier sollen deshalb nur exemplarisch einige große und charakteristische Plätze herausgegriffen werden.

Auch die heute noch zahlreich vorhandenen Gärten in den Villen- und Landhausgebieten können hier nur mit einem Beispiel angeführt werden. Überhaupt mußte bei der notwendigen Beschränkung die Sehenswürdigkeit für Berliner und Nichtberliner den Ausschlag geben.

Berlin ist bekannt für die Aufmerksamkeit, die die 1978 in der für das Grünflächenwesen zuständigen Abteilung beim heutigen Senator für Stadtentwicklung und Umweltschutz eingerichtete Gartendenkmalpflege den historischen Gärten widmet. In den vergangenen vier Jahren ist sie unter der Leitung von Klaus v. Krosigk rastlos tätig gewesen. Die in die Neuauflage dieses Buches eingeflossenen Änderungen gehen fast alle auf denkmalpflegerische Maßnahmen zurück.

BERLIN (WEST)

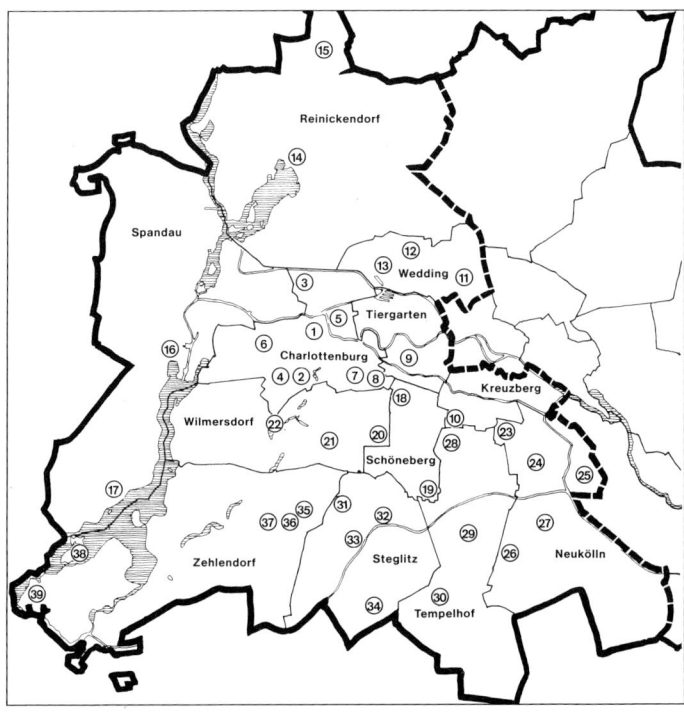

① Schloßgarten Charlottenburg ② Lietzensee ③ Jungfernheide
④ Karolingerplatz ⑤ Mierendorffplatz ⑥ Brixplatz
⑦ Ernst-Reuter-Platz ⑧ Los-Angeles-Platz ⑨ Großer Tiergarten
⑩ Viktoriapark ⑪ Humboldthain ⑫ Rehberge ⑬ Plötzensee
⑭ Schloßpark Tegel ⑮ Zeltinger Platz und Ludolfingerplatz
⑯ Südpark ⑰ Neu-Kladow ⑱ Viktoria-Luise-Platz ⑲ Alboinplatz
⑳ Volkspark Wilmersdorf ㉑ Rüdesheimer Platz ㉒ Villa Harteneck
㉓ Hasenheide ㉔ Körnerpark ㉕ Schulenburgpark
㉖ Bundesgartenschaugelände ㉗ Gutspark Britz ㉘ Parkring
Neu-Tempelhof ㉙ Volkspark Mariendorf ㉚ Gutspark Marienfelde
㉛ Botanischer Garten ㉜ Stadtpark Steglitz ㉝ Schloßpark
Lichterfelde ㉞ Lilienthalgedenkstätte ㉟ Schwarzer Grund
㊱ Dreipfuhlpark ㊲ Fischtal ㊳ Pfaueninsel ㊴ Klein-Glienicke

CHARLOTTENBURG

Schloßgarten Charlottenburg

Der Charlottenburger Schloßgarten ist einer der ältesten erhaltenen Gärten in Berlin und Potsdam. Er wurde 1697 für die Kurfürstin Sophie Charlotte von dem aus Paris berufenen Gärtner Simeon Godeau entworfen, nach 1705 erweitert und war der erste französische Barockgarten in Deutschland. Die Grundidee ist noch erkennbar: Ein großes Parterre wird seitlich von Heckenquartieren gerahmt und am Ende von einem Teich fortgesetzt. Wesentlich waren die weit in die Landschaft führenden Sichtschneisen, von denen die drei wichtigsten sich im Ovalen Saal des Schlosses bündelten. Sie sind durch die Entwicklung der Stadt verschwunden, nur der 1979 errichtete Obelisk am Ende der Mittelachse erinnert an die einstige Schneise bis Tegel. Überhaupt ist außer dem Raumeindruck und drei alten Linden westlich des Ehrenhofs nichts vom ursprünglichen Garten erhalten. Die Barockformen wurden bereits seit 1787 sämtlich durch landschaftliche ersetzt. Die landschaftliche Gestaltung geht auf die Hofgärtner Johann August Eyserbeck, Georg Steiner und den Gartendirektor Lenné zurück, ist

Charlottenburg, Blick von der Hohen Brücke

aber nach 1950 stark verändert worden. Die heutigen geometrischen Anlagen sind von der Schlösserdirektorin Margarete Kühn und dem Charlottenburger Gartenbauamtsleiter Joachim Kaiser entworfen (1950-67). Unter Verwendung einiger barocker Details wurde ein ungefährer Eindruck des barocken Gartens erreicht. Im Nordteil jenseits des Grenzgrabens wurden von Gartenamtsleiter Walter Hilzheimer 1952 auf Trümmerschutt neue Anlagen geschaffen. Sie umfassen eine Rodelbahn, einen Kinderspielplatz und eine inzwischen verschattete Liegewiese am Hang.

Im Ehrenhof befindet sich seit 1951 Schlüters Reiterstandbild des Großen Kurfürsten, umgeben von einer Ziegelpflasterung aus dem Jahre 1846. Durch das 1864 dem Ehrenhofgitter nachempfundene Gartentor mit einem Pförtnerhäuschen von 1898 gelangt man in den ehemaligen Orangengarten, wo in den Vertiefungen 360 Kübelbäume Platz hatten. Die jetzt hier stehenden Flora- und Pomona-Figuren sind Kopien barocker Vorbilder (1962). Die Mausoleumsallee war ursprünglich dicht mit dunklen Fichten bepflanzt, die einen ernsten, an den Tod gemahnenden Eindruck machten (heute Douglasien in weiten Abständen). Der Platz direkt vor dem Mausoleum (1810) war mit weißen Totenblumen und Trauerbäumen umsäumt. Im Heckenquartier, weiter rechts, wurde 1849 eine barocke Minerva aufgestellt. Ihr Piedestal ist heute hinter Rhododendron verborgen.

Der ursprünglich geometrisch gefaßte Teich hat seit 1802 mehrmals landschaftliche Uferlinien erhalten. Am Westufer liegt ein Sitzplatz, von dem aus seit den Tagen der Königin Luise Karpfen gefüttert wurden. Links neben der Allee war die dem Andenken der Königin geweihte Luiseninsel. Sie wird 1989 zum Lennéjahr wiederhergestellt. Die Luisenbüste (Nachguß 1987), die Venus von Medici (Nachguß 1989) und der Amor (1823) sind ihre künstlerischen Höhepunkte.

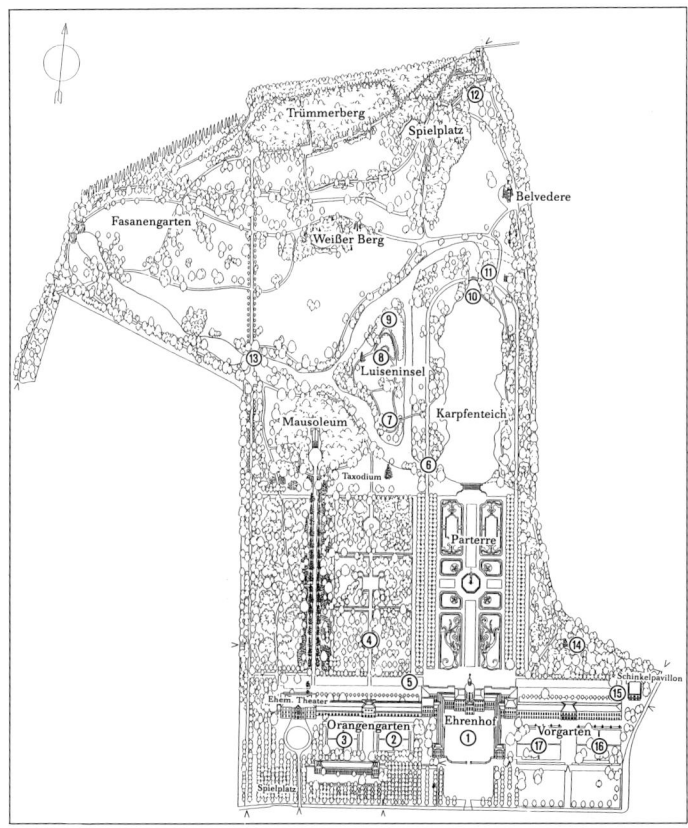

Schloßgarten Charlottenburg, 1989

① Großer Kurfürst, 1699
② Flora, 1961
③ Pomona, 1961
④ Minerva
⑤ Kaiser-Friedrich-Vase, 1906
⑥ Lindenbrücke, 1898
⑦ Amor, 1823
⑧ Venus von Medici, 1989
⑨ Luisenbüste, 1987

⑩ Hohe Brücke, 1802
⑪ Ildefonsogruppe, 1833
⑫ Obelisk, 1979
⑬ Feldwegbrücke, 1800
⑭ Germanicus, um 1830
⑮ Viktoriasäulen, 1840
⑯ Friedrich II., 1975
⑰ Friedrich I., 1979

Charlottenburg, Belvedere

Über den Teichausfluß am Ende spannt sich die Hohe Brücke, früher schwarz, seit 1962 rot gestrichen. Das Belvedere (1788) war auf einer weiteren Insel erbaut worden. Man erreichte es mit einer Fähre. Aus den Fenstern hatte man herrliche Ausblicke über Wald und Feld bis nach Spandau und Berlin.

Zwei weitere Bronzefiguren, eine Kauernde Venus (nach 1828) und die Ildefonsogruppe (1833) an der Hohen Brücke, warten noch auf die Rücksetzung an ihre Originalstandorte. Der Obelisk (1979) trägt eine Inschrift, die einen beliebigen Tag verewigt, um das Wesen historischer Bedeutung in Frage zu stellen (concept art). In der Nähe des Schinkelpavillons stehen zwei Viktoriasäulen von Rauch (1839), ein Römischer Redner (1825, 1962 aufgestellt) und zwei Säulenfragmente aus dem Innern des Schinkelschen Berliner Doms (1816/17, 1973 aufgestellt). Weiter sind zu erwähnen die Feldwegbrücke nordwestlich des Mausoleums (1799), wie die Hohe Brücke aus Gußeisen und damals eine bedeutende technische Errungenschaft, die Lindenbrücke westlich des Teichs (1898) und die Schwarze Brücke im Nordwestteil des Gartens (1927). Die Büsten römischer Kaiser ließ Friedrich II. 1740 vor Heckenwänden, die die Fassade des Schlosses zu beiden Seiten fortsetzten, aufstellen. 1960 sind sie verschoben worden, um einem Blumengarten dahinter Platz zu machen.

Der Vorgarten am Neuen Flügel war ursprünglich geometrisch mit Linden bepflanzt, die das Gebäude bis auf den säulengeschmückten Mittelteil verbargen. Nach einer Neugestaltung (Gitter von 1960) wurde hier 1979 die Kopie der Statue Friedrichs I. von Schlüter mit einem Piedestal von Schadow aufgestellt. 1987 folgte eine Kopie der Statue Friedrichs II. von Schadow.

Vom Schloßgarten kann man am Südufer der Spree entlangwandern, bis Ruhleben oder bis zur Dovebrücke und von dort am Landwehrkanal bis in den Tiergarten.

Lietzenseepark

Der Lietzensee ist Bestandteil der Grunewald-Seenkette, die mit dem Nikolassee beginnt und an der Spree hinter dem Nassen Dreieck endet. An seinem Westufer befand sich bereits ein Privatpark, als die Stadt Charlottenburg das Gelände erwarb und Erwin Barth ihm seine heutige Gestalt gab. 1912 schuf er zunächst einen repräsentativen Eingangsbereich an der Dernburgstraße, den sog. Dernburgplatz. Unterhalb eines von geschnittenen Platanen überdachten Spielplatzes ergießt sich eine breite Kaskade in den See. Sie wird begleitet von Blumenpfeilern, Rosenrabatten, Treppen und Säulenpappeln. Barocke Elemente leben wieder auf, ähnlich wie im Körnerpark. Die übrigen Teile gestaltete Barth 1919-20. Alle Eingänge sind axialsymmetrisch auf den See ausgerichtet, das Gelände dazwischen ist landschaftlich gestaltet. So vermittelt der Park in einleuchtender Weise zwischen der umgebenden Bebauung und dem landschaftlich geformten See.

An Plastiken finden sich von Süd nach Nord ein Sandalenlösender Knabe (von Fritz Röll), eine Seehundgruppe als Vogeltränke (1956 von Romy Henning), ein Jüngling mit Speer (1940 von Bernhard Bleeker), ein Gefallenendenkmal (1925 von Eugen Schmohl) und eine abstrakte Stahlskulptur (1973 von Volkmar Haase). Die beiden Teile des Parks sind seit 1956 durch eine schmale Unterführung unter der Lietzenseebrücke (1904) verbunden. Die erwähnten Eingangsachsen sind sehr unterschiedlich gestaltet. Die an der Herbartstraße führt durch einen dunklen Brückenbogen mit anschließendem Hohlweg. Der mittlere Eingang in den Nordteil besteht aus einem Tor, an dem kunstvoll zum Halbrund gefügte Granit-Gehwegplatten beweisen, welchen Wert Barth auf Details legte. Von der Einmündung der Sophie-Charlotten-Straße her kommt eine Stauden- und

Wasserachse, deren oberen Auftakt ein Springbrunnen bildet. Diese sog. Kleine Kaskade wurde mit den begleitenden Laubengängen 1987 wiederhergestellt. Bemerkenswert ist das nahe „Parkhaus" (1924 von Wilhelm Walter) in traulich-ländlichen Formen, das ein Erfrischungslokal aufnimmt. Parktore und Laternen sind ebenfalls rekonstruiert. Auch Spielplätze sind reichlich vorhanden. Am Witzlebenplatz gibt es seit 1924 einen Ruderbootverleih. Nur der nördliche Seeteil kann allerdings befahren werden.

Am Ostufer liegt etwas isoliert, hinter einem Bürogebäude aus roten Klinkern (1928-30 von Rudolf Hartmann) der Kuno-Fischer-Platz (1912 von Barth). Es ist ein freundlicher Ort. Eine Stützmauer fängt die Strahlen der Abendsonne auf, davor stehen Bänke mit Blick über Rosenpflanzungen zum Wasser. Seitlich ist die Plastik „Faun, einen Jungen das Flötespiel lehrend" (vor 1913 von Gerhard Janensch) aufgestellt.

Mierendorff- und Karolingerplatz

Ende des 19. Jhs. waren die Stadtplätze überwiegend reine Schmuckanlagen in den Vierteln wohlhabender Bürger (vgl. Viktoria-Luise-Platz). In ärmeren Stadtteilen fehlten sie ganz oder waren einfacher gestaltet. Der Charlottenburger Gartendirektor Erwin Barth trug den fortschrittlichen Strömungen Rechnung, die nach 1900 Bedeutung gewannen. „Wer glaubt, daß in einer derartigen (kinderreichen) Gegend die Gartenplätze weniger reich und schön auszustatten seien, wie in einer Gegend mit wohlhabender Bevölkerung, der vertritt m. E. eine ungesunde, reaktionäre Anschauung", schrieb er. Vielmehr sollten Barths Stadtplätze den Menschen die feh-

Kaskade am Dernburgplatz

lenden privaten Gärten ersetzen. Für die Kinder legte man große Sandspielplätze an. Geräte, die das Spiel weitgehend vorgaben, gab es noch nicht.

Mierendorff- und Karolingerplatz (1912-13 von Barth) sind besonders gut erhaltene bzw. wiederhergestellte Beispiele.

Geschnittene Platanen schirmen den Mierendorffplatz von den Straßen ab. Die Zieranlage ist in Art alter Gärten kreuzförmig geteilt, niedrige Rosen säumen die Wege, ein Brunnen betont die Mitte. Dieser Bereich liegt etwas vertieft und wird von Staudenrabatten eingefaßt. Eine Allee aus Rosenhochstämmen bildet die Grenze zum Spielplatz, der eine Unterkunftshalle enthält und von Sträuchern umhegt wird. Die baulichen Details wie Wegebeläge, Tore, Lampen und Bänke wurden ebenfalls von Barth entworfen, so daß ein künstlerisches Ganzes entstand. Die gartendenkmalpflegerische Rekonstruktion (1979) hat den geschilderten Zustand weitgehend wiederhergestellt.

Der Karolingerplatz ist ähnlich aufgebaut. Das vertiefte, kreuzförmig geteilte Parterre wird von rosenüberwölbten Gängen flankiert. In der Mitte war eine Plastik vorgesehen. Zu Seiten des Parterres befinden sich Rhododendronquartiere und darin zwei schattige Birkenhöfe. Die ehemaligen Holzscherenzäune sind heute in Eisen erneuert. Von den Höfen führen zwei Alleen zum Spielplatz, eine mit Taxuspyramiden, die andere mit Staudenrabatten geziert. Die Bänke mit Gußeisenwangen, ein verbreitetes Modell, entwarf Stadtbaurat Heinrich Seeling, die Lampen Heinrich Schwechten. Der Spielplatz wird von Kugelrobinien umstellt, die umgebenden Straßen sind mit dem damals sehr beliebten Rotdorn bepflanzt.

Auch Klausenerplatz (1921/22) und Savignyplatz (1926/27) wurden 1984–88 nach Barths Entwurf wiederhergestellt.

Karolingerplatz, Vogelschau von Barth
Mierendorffplatz, Modell

Brixplatz
(ehemals Sachsenplatz)

„Es sang eine Nacht...
Eine Nachti...
Ja Nachtigall am Sachsenplatz
Heute morgen. – Hast du in Berlin
Das je gehört? – Sie sang, so schien
Es mir, für mich, für Ringelnatz."

So beginnt Ringelnatz' 1932 geschriebenes Gedicht „Am Sachsenplatz". Der heutige Brixplatz ist ein Stadtplatz ganz besonderer Art, 1913 von Erwin Barth entworfen und 1919 gebaut. Anschaulich werden die natürlichen Vegetationsbilder und geologischen Formationen der Mark Brandenburg vor Augen geführt, die schon damals zu schwinden und den Stadtmenschen fremd zu werden begannen. Ungewöhnlich ist auch das ausgehöhlte Gelände (eine ehemalige Kiesgrube). Erschlossen wird die Anlage von einem das Straßengeviert begleitenden Rundweg, der in den Ecken von geometrischen Anlagen unterbrochen wird: Blumengarten, Ruhegarten, Kinderspielplatz und Wasserterrasse mit Pavillon. Kalkstein aus Rüdersdorf bei Berlin bildet eine Felsformation und ist vorherrschendes Baumaterial. Der größte Teil der Fläche wird von Laub- und Nadelwald, Heide, Dünenpartien, trockenen und feuchten Wiesen sowie Bach-, Moor- und Wasservegetation eingenommen. In der Tiefe liegen drei Teiche. Pflanzen und Kleintiere wurden sorgsam in der Mark zusammengesucht. Ins Innere dieses Miniaturparadieses konnte man nur bis zu einer Aussichtskanzel vordringen. So wurde den empfindlichen Pflanzengesellschaften der für ihr Überleben notwendige Schutz zuteil. 1960 aber wurden bestimmte unzugängliche Parkbereiche für die Öffentlichkeit freigegeben. Nur größte selbstauferlegte Zurückhaltung der Besucher kann nun die Zerstörung der Biotope aufhalten.

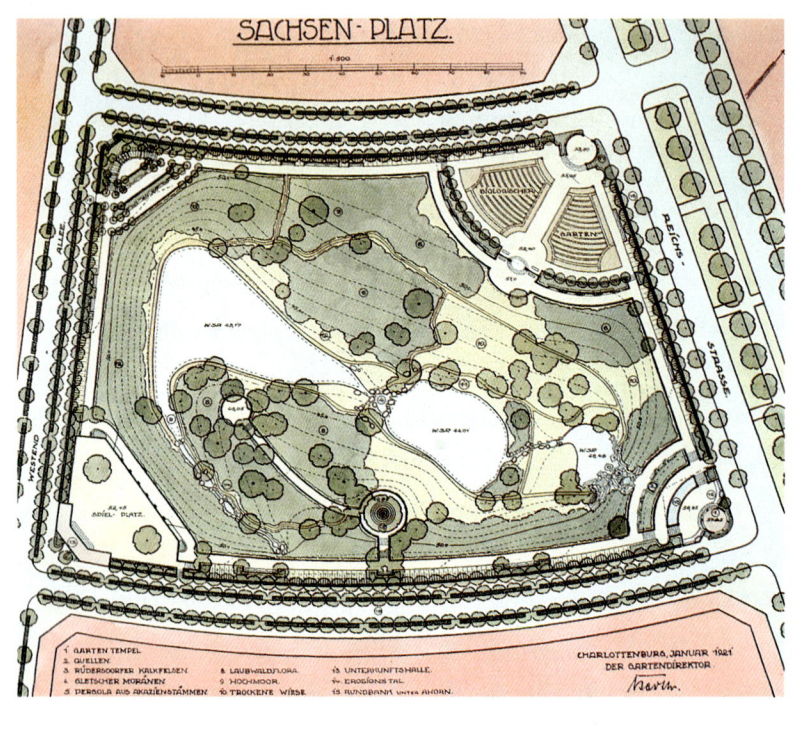

Brixplatz, Plan von Barth

Brixplatz, Zeichnung von Barth

Jungfernheide

Die Jungfernheide war ein altes Jagdrevier. 1908 kaufte die Stadt Charlottenburg einen Teil davon, um dieses wertvolle stadtnahe Waldgebiet für die Erholung zu sichern. Gartendirektor Erwin Barth entwarf 1920 den ausgeführten Plan, der nur behutsame Eingriffe in den lichten Mischwaldbestand vorsah. Auffallende Merkmale sind ein 4 km langer Rundweg, zahlreiche ihn kreuzende Zugänge und in der Mitte ein regelmäßiger See mit angrenzenden Wiesen. In diesem geometrischen Kernbereich sah Barth intensive Nutzung vor: Freibad, Planschwiese, Spielwiese, Kindererholungsstätte, Gartentheater und Rudermöglichkeit. Dieses Konzept ist voll verwirklicht und funktioniert heute noch.

Am südöstlichen Zugang steht ein Bär mit kleinen Kindern (früher ein Paar, von Hermann Pagels). Zielpunkt der Zugangsallee ist, wie ein Pavillon in einem barocken Jagdrevier, der Wasserturm (1926/27 von Walter Helmcke). Wo vom Rundweg der Saatwinkler Damm sichtbar wird, führt eine Schneise nach Süden. Dies ist der letzte Rest der barocken Achse auf das Schloß Charlottenburg (1697). Im Nordwesten fügte Barth eine Baumschule und Sportplätze in den Volkspark ein. Am Westufer des Teichs liegt die hufeisenförmige Badeanstalt mit einem Café-Restaurant. Auf der Insel kann man Boote mieten. Ursprünglich sollte hier ein Gebäude mit Parkrestaurant, Bibliothek, Vortrags- und Konzertsaal entstehen – „bezeichnend für die volkspädagogischen Bestrebungen, Wünsche und Illusionen der zwanziger Jahre." Nach Osten hat man einen imposanten Blick über das Wasser, die Plansch- und die Spielwiese zum Wasserturm.

Barth vermied in der Jungfernheide fremde Pflanzen. Auch das Baumaterial ist möglichst natürlich, vorwie-

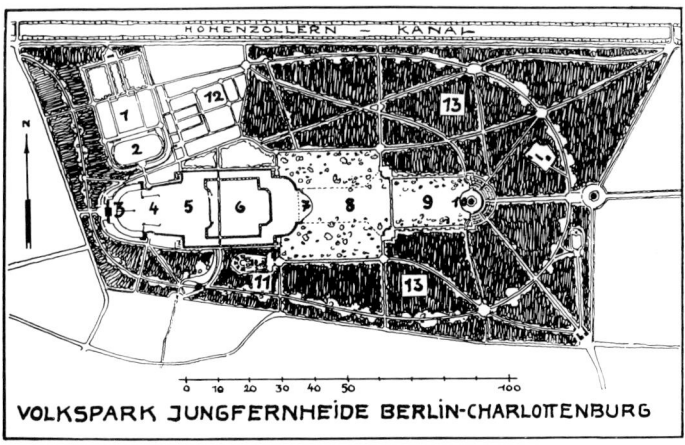

Jungfernheide, Pavillon
Plan von Barth

gend Holz. Der architektonische Schmuck konzentriert sich am Teich, der mit heckengefaßten Wegen umgeben und mit zwei Pappelrondells ausgezeichnet ist, und gipfelt in der Achse des Kanals südlich der Insel in einem markanten, kupfergedeckten Pavillon.

Die Kindererholungsstätte enthält heute einen pädagogisch betreuten Abenteuer- und Bauspielplatz. Das Theater (1923-25) stammt ebenfalls von Barth. Im Wildgehege lebt Schwarz- und Damwild.

1987 wurden nach Entwurf von Hochbauamtsleiter Fritz Monke der von der Autobahn abgedrängte Haupteingang im Südosten und die Tore am Heckerdamm in Anlehnung an die expressionistische Architektur des Wasserturms neugestaltet.

Los-Angeles-Platz

Als Beispiel jüngster, postmoderner Gartenarchitektur soll der Los-Angeles-Platz an der Augsburger Straße genannt werden (1982 nach dem Wettbewerbsentwurf der Architekten Urs Müller und Thomas Rhode, Landschaftsarchitektin Hannelore Kossel). Er entstand auf dem Dach einer in der Innenstadt dringend benötigten Tiefgarage. Der Entwurf benutzt geometrische, deutliche Formen. In der Mitte ist aus gelbem Klinker ein Portal errichtet. Es ist Teil einer ruinenartigen Anlage mit mehreren sandgefüllten Ebenen für Kinderspiele, die ein ehemaliges hochherrschaftliches Mietshaus an dieser Stelle symbolisiert, das zum Bau der Garage abgerissen wurde. Von der gelben Ziegelfarbe heben sich, weiß lackiert, dekorative Geländer und an der höchsten Stelle zwei ihrer Aufgabe beraubte Gußeisensäulen, ehemali-

Los-Angeles-Platz, Portal

ge Brückenpfeiler, ab. In der Torachse folgt ein kleiner, flacher Kanal, von Bänken und Säuleneichen flankiert. Am Ende ragt ein Wandbrunnen auf, hinter dem sich einer der Eingänge in die Tiefgarage verbirgt.

Westlich dieses Kernstücks befindet sich eine Art Amphitheater, östlich ein großes Rasenrechteck, von einer Pergola mit verschiedenartigen Schlingern eingefaßt. Den ganzen Platz zeichnet vielseitige Nutzbarkeit aus.

Ernst-Reuter-Platz

Für die Auffassung des Städtebaues der fünfziger Jahre steht der Ernst-Reuter-Platz (1956 von Senatsbaudirektor Werner Düttmann). Großzügigkeit, Verkehrsfluß und Offenheit waren die Maximen. Zumal da die Ost-Westachse nicht verbaut werden sollte, wurde nicht versucht, die runde Grünfläche inmitten des tosenden Kreisverkehrs aus fünf Verkehrsstraßen räumlich und akustisch abzugrenzen. Ein 10 x 10 m Raster aus Basaltpflasterbändern überzieht den ganzen Platz. In den Rasen des Rondells sind dem Raster folgend einige zentrale Quadrate für freiverteilte Beetflächen, Einzelbäume und zwei große übergreifende Wasserbecken eingeschnitten. Aus den Becken steigt ein gewaltiges, weithin sichtbares Strahlenbündel. Als Kontrast sind ihm zwei Scharen feinerer, einem verkleinerten Raster eingepaßte, ursprünglich rotierende Springstrahlen zugesellt.

Die Fontänen auf dem Ernst-Reuter-Platz will heute niemand mehr im Stadtbild missen, wenn auch nur wenige Besucher den unterirdischen Zugang als einzigen auf den Platz selbst führenden Weg benutzen, um dort zu verweilen.

Ernst-Reuter-Platz

TIERGARTEN

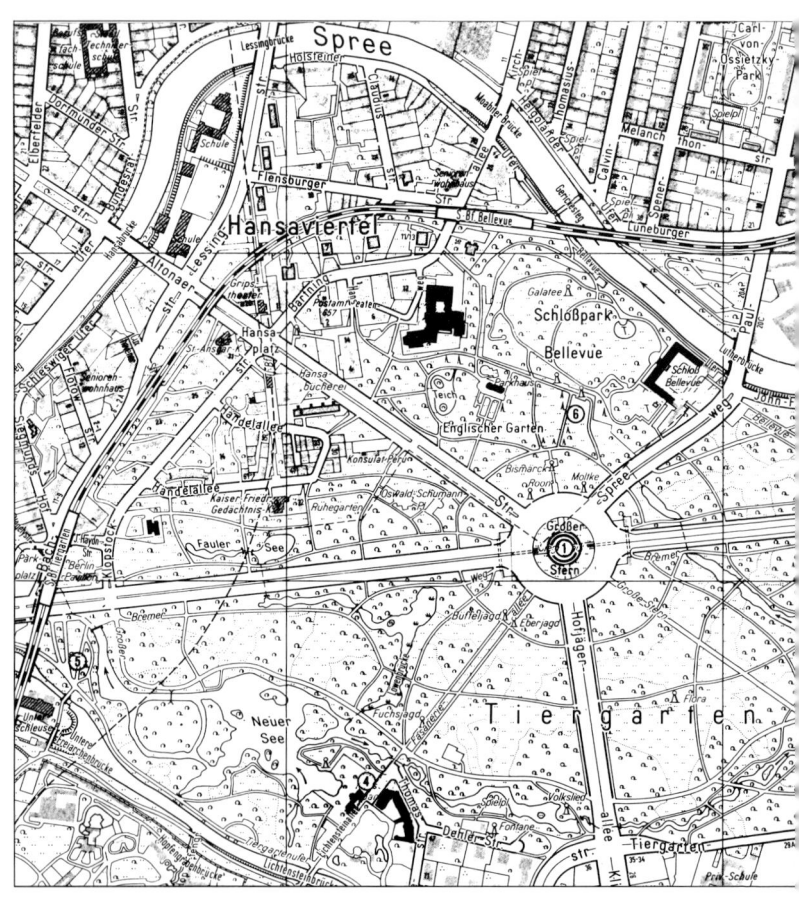

Großer Tiergarten, Übersichtskarte

Großer Tiergarten

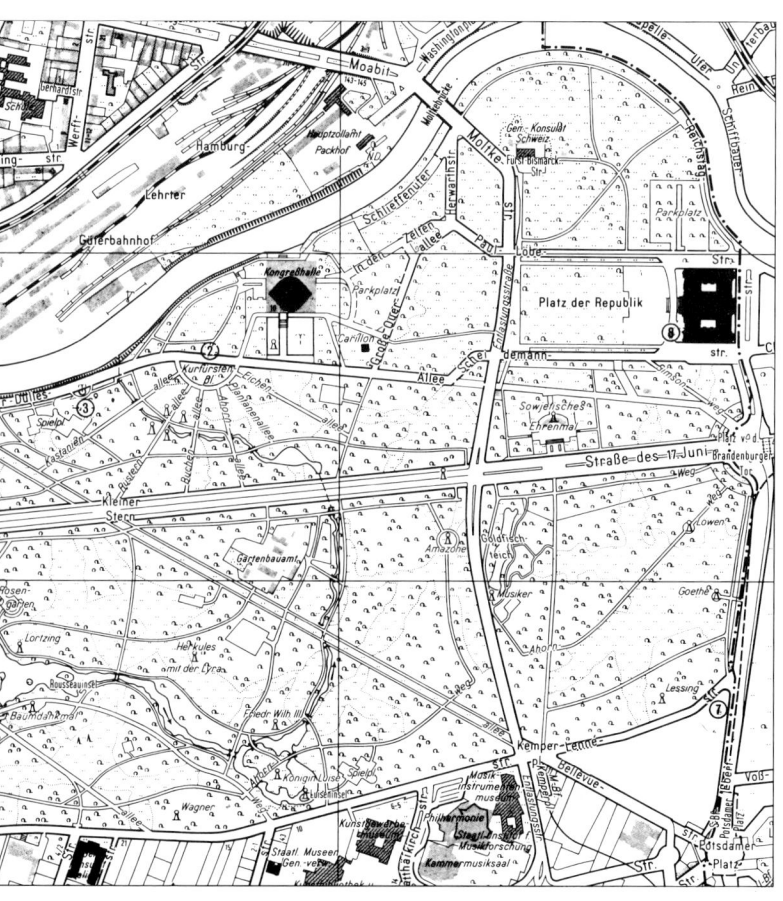

① Siegessäule   ④ Café am See   ⑦ Ehem. Lennéhaus
② Zelten   ⑤ Laternensammlung   ⑧ Reichstag
③ Großfürstenplatz   ⑥ Fuchsiengarten

Der Name des Tiergartens erinnert daran, daß dieser ursprünglich ein Wald war, in dem sich Hirsche und Rehe, Wildschweine, Hasen und Federwild tummelten. Traditionell wurden solche vor den Toren der Stadt gelegenen Gelände vom Landesherrn zur Jagd genutzt, der Tiergarten mindestens seit der 1. Hälfte des 16. Jahrhunderts. Kurfürst Friedrich III. legte 1697/98 die Charlottenburger Chaussee als Verbindung der Residenz mit dem neuerbauten Schloß Charlottenburg als Fortsetzung der Allee „Unter den Linden" an, außerdem den Großen Stern mit den acht Sternalleen und den Zeltenplatz. Dieses Gerüst des Tiergartens ist heute nur teilweise erhalten. Unter Friedrich II. wurde der Tiergarten als Promenade für die Bevölkerung hergerichtet. Es entstanden Labyrinthe, weitere Alleen, Salons, das Venusbassin und der „Poetensteig" als Rundweg. An einigen Stellen wurden behutsam Statuen eingefügt. Erste Elemente des Landschaftsgartens kamen durch den Planteur Justus Ehrenreich Sello hinzu, die Rousseauinsel 1792 und die Luiseninsel 1809. Lenné beseitigte dann 1833-40 die bis dahin in weiten Teilen bewahrte Wildnis endgültig. Er legte Sümpfe trocken, verbreiterte die Wasserläufe malerisch, schuf Lichtungen, Rasenplätze und ein wohlgeordnetes Wegenetz. Im Anschluß fügte er 1840 noch eine symmetrische Anlage und 1846/47 den Neuen See hinzu. In der Kaiserzeit nahm der Tiergarten eine wachsende Zahl repräsentativer und patriotischer Denkmäler auf. Hitler ließ 1938/39 die Charlottenburger Chaussee nach Abholzung der Allee als Ost-Westachse ebnen und verbreitern. In diesem Zusammenhang wurde der Große Stern in der heutigen Weise gefaßt und die Siegessäule dorthin versetzt. Kampfhandlungen und Holzschlag verwüsteten 1945 den Tiergarten so vollständig, daß nur wenige Bäume übrigblieben.

Seine heutige Bepflanzung verdankt der Tiergarten einer großangelegten Erneuerungsaktion (1949-59 von

Gartenamtsleiter Wilhelm Alverdes). An die damalige
Not erinnern die Stele für die Baumspender nahe der
Rousseauinsel (1952 von Karl Wenke) und ein Gedenkstein für die Spenden der Stadt Bremen (1950 von dem-
selben) gegenüber dem Berlin-Pavillon. Der Kahlschlag
ermöglichte erstmals große besonnte Wiesenflächen,
die auch Lenné in diesem Umfang nicht hatte herstellen
können. Den gewandelten Anforderungen gemäß wurden Liegewiesen ausgewiesen und Spielplätze eingefügt.

Der Tiergarten ist auch heute noch vielschichtiger
historischer Boden und nach wie vor zentraler Park der
Stadt. Bedauerlicherweise wurde bei der Erneuerung
auf historische Strukturen und Elemente wenig Rück-
sicht genommen. Damit ging die Synthese barocker und
landschaftlicher Elemente, die für den Tiergarten charakteristisch war, verloren. Ziel der Gartendenkmalpflege ist es daher, die ehemalige Vielfalt wieder erleb-
bar zu machen. Die folgende Beschreibung geht entgegen dem Uhrzeigersinn vor und beginnt am S-Bhf. Tiergarten.

Der Abschnitt bis zur Hofjägerallee umfaßt vornehm-
lich die von Lenné 1846/47 geschaffenen Anlagen am
„Neuen See". Die bei Borsig 1838 hergestellte Löwen-
brücke wurde bereits in der Nachkriegszeit rekonstruiert. Die ehemalige Fasanerieallee (Fortsetzung
der Lichtensteinallee) ist 1985 als erste einer Reihe zu
rekonstruierender Alleen neu gepflanzt worden. An
ihrem Rand stehen vier Fragmente des 1904 auf dem
Großen Stern aufgestellten Hubertusbrunnens: Fuchs-
jagd (W. Haverkamp), Büffeljagd (Fritz Schaper) und
Eberjagd (Carl Begas). Die stark beschädigte Hasen-
hetze (M. Baumbach) wurde 1987 ergänzt und wiederaufgestellt. Im Südosten kann man die Gruppe Volkslied
(1875 von Louis Sussmann-Hellborn) und das Fontane-
denkmal (1908 von Max Klein) finden.

Rosengarten im Tiergarten

Auf dem Großen Stern steht seit 1939 die um die untere Säulentrommel erhöhte Siegessäule (1873 von J. H. Strack), umgeben von den Denkmälern Bismarcks (1897-1901 von Reinhold Begas), Moltkes (1904 von Joseph Uphues) und Roons (1904 von Harro Magnussen). Die architektonische Platzrahmung mit Brüstung, Vasen und Unterführungseingängen dokumentiert den nationalsozialistischen Neoklassizismus.

Östlich der Hofjägerallee sind die Wasserläufe von Lenné so gestaltet worden, daß man immer nur einen

Teil überschauen kann und der weitere Verlauf im Verborgenen bleibt. Die zweite der kleinen Inseln, an denen man nach Überqueren der ehemaligen Großen Sternallee vorbeikommt, ist die Rosseauinsel. Sie imitierte früher mit einer Urne die Grabinsel des Philosophen in Ermenonville. Anstelle der Urne wurde 1987 eine Rousseausäule von Günter Anlauf aufgestellt. Am jenseitigen Ufer erkennt man das Lortzingdenkmal (1906 von Gustav Eberlein). Vom selben Bildhauer steht an der Tiergartenstraße das seinerzeit vielbeachtete Wagnerdenkmal (1901-03). Aber: „Ein Denkmal ist ein rührender Traum von Ewigkeit, die jungen Ideale, die es geschaffen, werden alt und greisenhaft und zerbröckeln mit ihm", sagte schon der Schöpfer selbst. Die Große-Stern-Allee ist 1987 unter Beibehaltung einiger nach 1945 gewachsener Bäume neu angelegt worden. Die Straße des 17. Juni wurde teilweise auf die alte Breite zurückgenommen, ohne daß aber die unter Hitler erfolgte Einebnung rückgängig gemacht wurde.

Am Wasserlauf zieht sich der Rhododendronhain hin. Auf einer Insel unmittelbar östlich der ehemaligen Großen Querallee steht die Figur der Königin Luise (1877-80 von Erdmann Encke), am jenseitigen Ufer befindet sich die Marmorfigur Friedrich Wilhelms III. (1841-49 von Friedrich Drake), beides Abgüsse. Die wertvollen Ziergitter und der reiche gärtnerische Schmuck nach Entwurf des Tiergartendirektors Eduard Neide (1880) wurden 1987 rekonstruiert. Auf der benachbarten, unmittelbar neben der Tiergartenstraße gelegenen ursprünglichen Luiseninsel ist die Statue des Prinzen Wilhelm, des späteren Kaisers Wilhelm I. (1904 von Adolf Brütt) erkennbar.

Bemerkenswert ist der Rosengarten, der 1909 an der Stelle der symmetrischen Anlage Lennés geschaffen und nach 1945 verändert wurde. Hier sind aufgestellt zwei Wapitihirsche (von R. Siemering), die Kopie einer barocken Flora (1977) und ein historischer Granitschalenbrunnen (unbekannter Herkunft, seit 1979). Am ursprünglichen Standort der Flora in Knobelsdorffs Florasalon, der heute durch die Entlastungsstraße von jedem Bezug abgeschnitten ist, steht eine Amazone (1895 von Louis Tuaillon), eine vergrößerte Fassung der Figur vor der Nationalgalerie auf der Museumsinsel.

Gegenüber harren dicht an der Straße die Überreste des 1757 von Knobelsdorff regelmäßig angelegten Venusbassins (heute Goldfischteich) besserer Zeiten. Südlich davon befindet sich das Drei-Komponisten-Denkmal (1898-1904 von Rudolph Siemering) anstelle einer hier ursprünglich aufgestellten Statue der Venus. An der Straße des 17. Juni erhebt sich das aus dem Marmor der Reichskanzlei errichtete Sowjetische Ehrenmal (1946 von Lew Kerbel) mit ausgedehntem Sicherheitsbereich. Die Wiesen in dem der Berliner Innenstadt und dem Brandenburger Tor zugewandten Parkteil werden nicht mehr kurzgehalten und bieten so den vielfältigen, für den Landschaftspark charakteristischen Aspekt einer Wildwiese. Nahe am Brandenburger Tor ist der sog. Weißbuchensalon Knobelsdorffs im Grundriß erhalten. Hier steht eine Löwengruppe (1872 von Wilhelm Wolff).

An der Lennéstraße, die schon 1839 nach dem dort wohnenden Gartendirektor benannt wurde, steht das Lessingdenkmal (1890 von Otto Lessing) und weiter nördlich an der Mauer das Goethedenkmal (1880 von Fritz Schaper, Kopie). Die Umgebung der Denkmäler wurde nach den Plänen aus der Zeit ihrer Aufstellung wiederhergerichtet.

Nördlich der Straße des 17. Juni befindet sich an der Spree der berühmte Zeltenplatz. Mit seinen neun von einem halben Rondell ausgehenden Alleestrahlen war er seit dem 18. Jahrhundert ein beliebter Ausflugsort der Berliner. Ein zweites Rondell weiter westlich, der 1776 angelegte Großfürstenplatz, trägt seinen Namen von der

Luisendenkmal im Tiergarten

Englischer Garten

hier gefeierten zweiten Verlobung des Großfürsten Paul. An seinem Rande stehen in verwahrlostem Zustand vier Darstellungen deutscher Ströme und etwas südlich davon vier Kriegergruppen (vor 1870 von August Wittich, Rudolf Schweinitz, Ludwig Brodwolf und Alexander Calandrelli für die damalige Königsbrücke geschaffen). Die Brunnenfigur (1888 von Joseph Kopf) ist eine Marmorkopie, die bei der Wiederherstellung von Zelten- und Großfürstenplatz 1987 aufgestellt wurde.

Bellevue, Kol. Radierung von C. B. Schwarz 1787

Bellevue

Vor den Toren der Stadt, am Rande des Tiergartens mit weitem Blick ins Spreetal, wo die Gondeln und Lastkähne dahinzogen, lag das Anwesen, das Prinz Ferdinand, der jüngste Bruder Friedrichs II., 1784 erwarb, um näher an der Stadt zu wohnen. Sein bisheriger Wohnsitz Friedrichsfelde war ihm zu weit entfernt. Die herrliche

Aussicht, um derentwillen der Prinz den Uferweg für die Spaziergänger sperrte, gab dem Schloß seinen Namen.

Eine zwischen Kleinem Stern und Potsdamer Platz vorhandene Allee wurde, als Michael Philipp Boumann 1785 das Schloß erbaute, bis zu diesem verlängert. Es ist die heutige, 1,6 km lange Bellevueallee. Den Ehrenhof begrenzte man mit einer sog. Ahamauer, d. h. einer Stützmauer in abgesenktem Gelände, die als Absperrung wirkt und gleichzeitig vom Schloß die Illusion eines bis tief in die Landschaft fortgesetzten Grundstücks erweckt.

Heute betritt man den Garten nicht am Schloß, sondern vom Englischen Garten oder vom S-Bhf. Bellevue aus. Von der alten Gestalt sind drei fächerförmige Sichtachsen auf das Schloß und an den Enden zweier Sichtachsen Hügel erhalten, die Pavillons trugen. Die übrigen Strahlen des Fächers zur Spree fehlen, das Grundstück ist ganz gegen den Fluß abgeschlossen. Der Park war im sentimentalen Stil entstanden und mit kleinen Gebäuden und Denkmälern ausgestattet, die bestimmte Gefühle und Erinnerungen wachrufen sollten. Von ihnen ist nur noch ein Altar zur Goldenen Hochzeit des Prinzen (1805 von Schadow) vorhanden. Eine Kopie des Denksteins für den 1774 verstorbenen Hofmarschall v. Bredow (jetzt außerhalb des Bellevuegrundstücks) wird 1989 aufgestellt.

Seit 1959, als Gartenarchitekt Reinhard Besserer den Park umgestaltete, dient Bellevue dem Bundespräsidenten bei Berlinaufenthalten als Wohnung. Von Besserer stammen der nierenförmige Teich, die halbrunde Terrasse, der Rosengarten zwischen beiden und der Haus- und Wohngarten südwestlich des Schlosses. Dieser verkörpert bei bester Pflege hervorragend den Gartenstil der 50er Jahre. Vor einer Pergola liegen verschiedene kleine Wasserbecken mit Seerosen, das eine mit Goldfischen und einer Kuppel aus vier zarten Springstrahlen.

In der Bepflanzung und den liebevollen Details klingt fernöstliche Gartenkunst an, noch deutlicher in den drei Quellsteinen unter Schwarzbirken, die weiter westlich sprudeln. Neuaufgestellt sind die Kopie einer barocken Galathea (1964) und „Zwei sich wandelnde Vasen" (1974 von Ulrich Beier).

Der Englische Garten

Das Gelände südwestlich von Bellevue bis zur Altonaer Straße hatte Prinz Ferdinand 1787 mit in seinen Park einbezogen. Nach dem II. Weltkrieg wurde es wieder dem Tiergarten angegliedert. Nach Entwürfen von Wilhelm Alverdes entstand auf dieser Fläche 1951/52 der Englische Garten, so genannt, weil die Britische Regierung ihn finanzierte. Das strohgedeckte Parkhaus beherbergt ein Café sowie Räume für Sommerkonzerte. Wegen seiner Blumenpracht wird insbesondere der geometrisch angelegte Teil vor dem Parkhaus mit sechs Brunnen und geschnittenen Taxusbäumchen als Ruhegarten geschätzt. Zum Englischen Garten rechnet auch der landschaftliche Bereich westlich von hier.

Einen zweiten geometrischen Garten, den Fuchsiengarten, betritt man durch zwei 1982 hierher versetzte Gittertore. Hier haben die Bronzeplastiken Pony und Knappe (1896 von Erdmann Encke) und Bison (um 1900 von Rudolph Siemering) neue Plätze gefunden.

Am Rande des Englischen Gartens liegt die Akademie der Künste, das Bindeglied zum Hansaviertel. Diese Siedlung, 1957 zur Internationalen Bauausstellung fertiggestellt, wirkt, nachdem die Pflanzungen groß geworden sind, beinahe wie ein Bestandteil des Tiergartens.

KREUZBERG

Viktoriapark

Der Viktoriapark liegt, wie auch die Hasenheide, an der Kante der Teltowhochfläche. Er ist das Hauptwerk des Meyer-Schülers Stadtgartendirektor Hermann Mächtig und entstand 1888-94. Schinkels Nationaldenkmal (1818-21) zur Erinnerung an die Freiheitskriege stand bis dahin auf einem kahlen Sandhügel von den Toren der Stadt. Als die Bebauung rapide wuchs, wurde das Denkmal 1878 auf einen massigen Unterbau (von J. H. Strack) gestellt und auf die Achse der Großbeerenstraße ausgerichtet. Mächtig schuf in dieser Achse am Hang eine Miniaturnachbildung des Hainfalls im Riesengebirge, eines damals beliebten Reiseziels der Berliner. Er wollte – eine patriotische und repräsentative Idee – „das Denkmal wie auf Fels gebaut erscheinen lassen". Die Felsformationen wurden auf Grund geologischer Studien außerordentlich naturalistisch gestaltet.

Charakteristisch für die Zeit ist auch das engmaschige, durch die Steilheit des Geländes mitbedingte Wegenetz. Am Fuße des nachts illuminierten Wasserfalls steht eine

Viktoriapark

Frauenraubgruppe (1896 von Ernst Herter), deren Aussage die bürgerliche Moral durch den Titel „Der seltene Fisch" ironisch verschleierte. Von ehemals sechs Porträthermen „urdeutscher Dichter, Sänger des deutschen Patriotismus" sind noch drei erhalten: Uhland (von Max Krause), Rückert (1898 von Ferdinand Lepcke) und Kleist (von Karl Pracht). Dem alten Gärtner- und Maschinenhaus an der Kreuzbergstraße ist seit 1925 eine kleinere Menagerie angegliedert. Östlich des den Park durchquerenden Fahrweges befindet sich ein Rosengarten (1983 von Dipl. Ing. Martin Schaumann). Westlich des Wasserfalls ist eine aufwendige Granitbank aus der Entstehungszeit bemerkenswert.

Der Teil westlich der Möckernstraße entstand 1913-16 unter Stadtgartendirektor Albert Brodersen als landschaftlicher Park mit weiten Wiesenräumen. Am Rande einer Wiese ragt ein Holzkreuz als Mahnmal zum 17. Juni 1953 auf.

Der Viktoriapark, 1980 als erste öffentliche Berliner Grünanlage unter Denkmalschutz gestellt, ist dringend instandsetzungsbedürftig. Schinkels Monument präsentiert sich nach langjähriger Restaurierung wieder im ursprünglichen grünen Anstrich. An seinem Fuße erfolgten 1987 erste gartendenkmalpflegerische Maßnahmen. Weitere sollen folgen.

WEDDING

Humboldthain

Der Humboldthain wurde als dritter der großen Berliner Volksparks 1869-72 nach einem Entwurf von Gustav Meyer angelegt. Anlaß war der 100. Geburtstag Alexander v. Humboldts. Der Park im „gemischten Stil" hatte eine weiträumige landschaftliche Mitte, einen großen hippodromförmigen Kinderspielplatz im Nordwesten und einen regelmäßigen, repräsentativen Eingang an der Südseite. Botanische und geologische Besonderheiten sollten neben einem Humboldtdenkmal an den großen Naturwissenschaftler erinnern. Die Errichtung zweier Flaktürme im Park 1941 hatte seine völlige Zerstörung durch Kampfhandlungen zur Folge. Den Namen des ursprünglichen Schöpfers, der am Parkrande eine Dienstvilla bewohnte, bewahrt die Gustav-Meyer-Allee.

Gartenamtsleiter Günther Rieck führte 1948-51 die Neugestaltung durch. Wie im Friedrichshain wurden die Flaktürme mit Trümmern eingeschüttet. So besteht der Park heute im wesentlichen aus zwei Bergen und einer locker mit Bäumen bestandenen Liegewiese.

Rosengarten im Humboldthain

Der südliche Berg wurde zweckmäßig als Rodelbahn eingerichtet. Eine bepflanzte Treppenanlage am Nordhang (1982) wirkt als Fremdkörper.

Am Osteingang ist die Himmelfahrtskirche errichtet (1954-56 von Otto Bartning) und auf einem Verteilerplatz eine schlichte Humboldtstele (1952 von Karl Wenke). Von der Brunnenstraße führt eine strenge Allee aus Säuleneichen und Hainbuchenhecken auf eine Erhöhung, die einen markanten Pavillon trägt. Westlich des Pavillons wurde 1980/81 ein Wassergarten angelegt, der ausgesprochen kleinlich wirkt, aber viele Nutzungsmöglichkeiten bietet.

Gern besucht wird der Rosengarten nahe dem Bhf. Gesundbrunnen. Er ist frei aus geometrischen Formen entwickelt, mit wenigen lichten Bäumen überstellt und hat zahlreiche, ruhige Sitzplätzchen aufzuweisen. Am Rande wurden 1978 zwei Rhododendronkabinette hinzugefügt. Zum Berg hin findet man die Jagende Nymphe (1926 von Walter Schott) und eine Pergola mit reichen Blumenrabatten davor.

Der zweite Trümmerberg (Humboldthöhe) bietet einen beachtlichen Rundblick über Berlin. Auf den aus dem Berg herausragenden Flakturmresten erhebt sich ein Denkmal für die Wiedervereinigung (1967 von Arnold Schatz). Granittafeln erklären die hervorragenden Punkte des Panoramas.

Das Freibad westlich der Humboldthöhe ist auf der Fläche des Meyerschen Hippodrom-Spielplatzes entstanden.

Schillerpark

Der Schillerpark ist die erste öffentliche Grünanlage in Berlin, die in Inhalt und Form den neuen Zielsetzun-

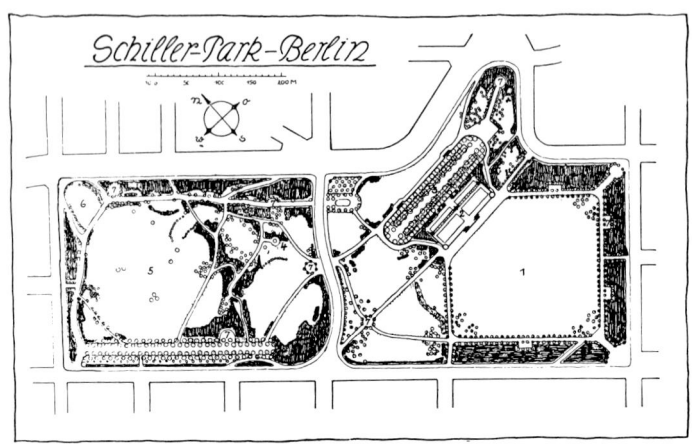

Schiller-Park-Berlin

① Schülerwiese   ⑤ Bürgerwiese
② Blumengarten   ⑥ Planschbecken
③ Schillerhain   ⑦ Sitzrondelle
④ Schillereiche

gen des seit der Jahrhundertwende geforderten „Volksparkes" verpflichtet ist. Zum 100. Todestag Schillers sollte ein weiterer Park im Norden Berlins entstehen. Man schrieb einen Wettbewerb aus, aus dem der bedeutende Gartenarchitekt Friedrich Bauer als Sieger hervorging. 1909-13 wurde sein Entwurf ausgeführt. Der erste gepflanzte Baum war eine Eiche aus Schillers Geburtsort Marbach.

Das Gelände wird von der Barfusstraße in zwei nahezu gleiche Bereiche geteilt. Zur Ungarnstraße hin tut sich hinter einer schirmenden Gürtelpflanzung eine riesige, vollkommen flache Wiese auf, die Bauer als „Schülerwiese" ausdrücklich für Spiel, Lagern und Picknick vorgesehen hatte. Streng geführte Lindenalleen fassen die Wiese. Bauer verzichtete bei der Wegeführung ganz auf ornamentale Wirkung im Plan. „Und was schadet's schließlich", fragte er, „wenn der Park in seinen ‚Nutzungsteilen' keinen so wohl gepflegten Eindruck macht, wenn er nur seinen vornehmsten Zwecken gerecht wird und den gesundheitlichen und lebensdrängenden Bedürfnissen der Großstadtbewohner zu Gute kommt?" Um auch, wie er sagte, „dem danach Verlangenden die Möglichkeit ernster Beschaulichkeit, stiller Feierlichkeit und volle Freude an erlesener pflanzlicher Pracht und Schönheit" zu bieten, schuf Bauer eine dreistufige, der Wiese enthobene Terrasse aus Rüdersdorfer Kalkstein. Auf der ersten Ebene zwischen zwei Eckpavillons findet man eine Art Burggarten mit Rosen, Kirschen und Magnolien, auf der zweiten ein Schillerdenkmal (Kopie des Schillerdenkmals auf dem Gendarmenmarkt von Reinhold Begas, 1864, nachgegossen 1941 unter Verwendung der Bronzen des Rathenau-Brunnens aus dem Volkspark Rehberge), auf der dritten einen Kastanienhain, der nach Bauer „ein natürlicher Tempel, ein Schillerdenkmal einzig in seiner Zeit" werden sollte. Hinter den Arkaden der untersten Terrassenmauer waren Geräte,

Schillerpark, Schülerwiese

Umkleideräume und Toiletten für den Schulsport vorgesehen. Im Winter wurde die Wiese in eine Eisbahn verwandelt.

Nicht zu vermeiden war es, die Barfusstraße durch den Park zu führen. Eine leichte Schwingung entschärft jedoch den Schnitt, und der Verkehr ist Augen und Ohren durch sanfte Geländeaufschüttungen verborgen. Jenseits der Straße kommt man hinter einem Eschenrondell auf eine Liegewiese am Südhang; das ganze nordwestliche Parkgelände ist unter Ausnutzung vorhandenen bewegten Terrains landschaftlich gestaltet. Bei der Gehölzwahl bevorzugte Bauer bodenständige Arten. Eine Lindenallee parallel zur Edinburger Straße führt auf eine Figur der Muse Polyhymnia (1912 von Grünberg).

Es gibt zahlreiche, schon von Bauer vorgesehene Spielplätze, darunter ein großes, flaches Planschbecken.

Rehberge

Der Volkspark Rehberge entstand 1926-29 auf sandigem Forstgelände, das im Notwinter 1919/20 abgeholzt worden war. Als Grundlage diente ein von Erwin Barth überarbeiteter Entwurf des Stadtgartendirektors Alfred Brodersen. Das Terrain war so vielgestaltig, daß hier – im Gegensatz zum Volkspark Jungfernheide – eine Gestaltung, die das gesamte Gelände und die geforderten

Funktionen einer beherrschenden Achse unterordnete, nicht angewendet wurde. Trotzdem sind axiale Bezüge und geometrische Elemente erkennbar.

Im Westen bildet ein Pappelrondell, im Südosten ein Kastanienquadrat, im Süden ein einfacher Rundplatz den Eingang. Man geht durch einen künstlichen Buchenwaldgürtel auf die weitläufige Spielwiese zu, die auf der gegenüberliegenden Seite von einem langgestreckten Hügel begrenzt wird. Auf dem etwas östlichen Hügel breitet eine freistehende Eiche ihre Äste aus. Ersteigt man den Hang geradeaus, kommt man auf den Scheitel in eine Ahorn-Wallallee (Carl-Leid-Weg). Der Blick von hier auf die Spielflächen (wie im Schillerpark) ist heute nicht mehr möglich. Am Ende der Allee im Westen ragt monumental eine Plattform auf, die bis 1934 dem von Georg Kolbe 1930 geschaffenen Rathenaubrunnen trug (1987 als Nachguß wiederaufgestellt) und die Ausgangspunkt für die Große Rodelbahn, eine der eindrucksvollsten von Berlin, ist.

Nördlich der Wallallee sind angeordnet ein vertieftes Übungssportfeld, von Platanen eingefaßt, ein Stadion und seitwärts vier Tennisplätze. Am westlichen Ende des Übungsfeldes sieht man die Spitze eines großen, hölzernen Zeltdachs, Mittelpunkt eines aufwendigen Indianerspielplatzes. Gegenüber am Ostende steht ein Ringerpaar (1906 von Wilhelm Haverkamp). Die Achse führt von hier weiter durch einen großen Brückenbogen (vgl. Lietzenseepark), der den Blick von Osten eindrucksvoll rahmt. Die flankierenden Gebäude enthalten Umkleideräume und ein Sportcafé.

Im Nordzipfel des Volksparks finden sich ein stiller Tanzplatz, von Douglasien umringt, und eine Freilichtbühne (1935, nur zu Veranstaltungen geöffnet). Den Hügel hinter der Bühne krönt eine Bastion mit einem Kranz aus Maulbeersträuchern und Säuleneichen. Gegenüber der Theaterkasse kann man ein Café-Restaurant besu-

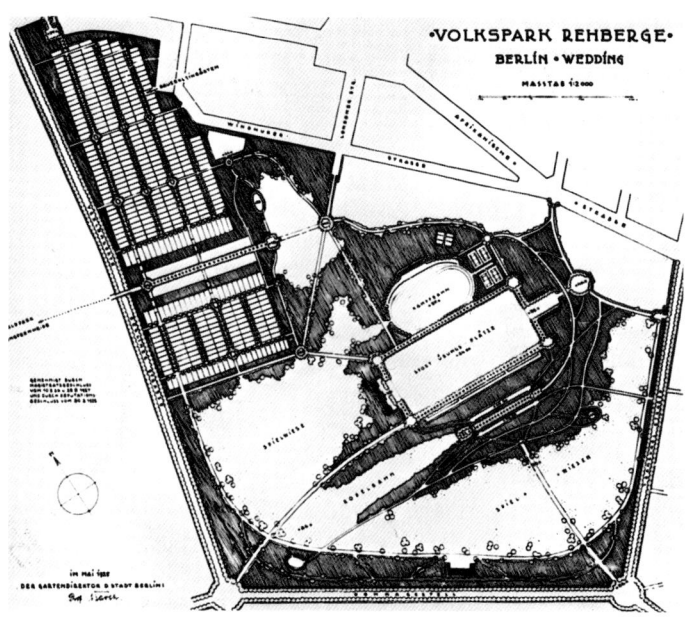

Rehberge, Plan von Barth 1928

chen. Am äußersten Parkrand wurden etwas später drei Teiche angelegt. Entsprechend den damals allgemein anerkannten Vorstellungen berücksichtigte Barth bei der Anlage des Volksparks Rehberge auch eine ausgedehnte, gartenkünstlerisch durchgeformte Kleingartenanlage, die erste Dauerkleingartenanlage der Stadt Berlin. Sie sollte zugleich Vorbild für künftige städtische Dauerkolonien sein. Schließlich sind noch ein Damwild-, ein Wildschwein- und ein Kleintiergehege zu erwähnen.

Jenseits der Transvaalstraße liegt der kleinere Goethepark, dessen Wiesen heute zum Grillen dienen. Das auch hier leicht hügelige Gelände ist für Bastionen aus Betonbrocken und für eine Rodelbahn ausgenutzt worden. Am Dohnagestell können Kinder in einem Planschbecken spielen.

Der nahe Plötzensee wird durch eine Uferpromenade (1923/24 von Rudolf Germer) erschlossen. Auffällig sind die expressiven Nadelgehölze und am Nordostufer ein Rosengarten mit weinberankten Kalksteinpergolen. Die Blicke aufs Wasser sind fast völlig zugewachsen. Dem Rosengarten gegenüber befindet sich ein Freibad, das den Uferweg bedauerlicherweise unterbricht. An der Straße Nordufer kann man Ruder- und Tretboote mieten (mit Angelmöglichkeit).

Schloßpark Tegel

Tegel wurde bekannt als Wohnsitz Wilhelm von Humboldts (seit 1815), dessen Mutter das Gut seit 1765 besessen hatte. Bis heute gehören Haus und Park seinen Nachkommen. Alexander Georg von Humboldt, der Vater der berühmten Brüder, nahm, angeregt durch den ihm freundschaftlich verbundenen Fürsten Franz von Anhalt-Dessau, die Gestaltung des Parks vor. Unterstützt wurde er dabei von dem Hauslehrer seiner Söhne, Johann Christian Kunth. Sein Grabmal (1829) liegt seinem Wunsche gemäß am Hang nördlich der Wiese. Es wird geziert von einer Stele und sechs Linden, die „von ihm selbst, und zwar jedesmal bei der Geburt eines seiner Kinder gepflanzt worden sind, zuletzt für sich und seine Gattin."

Im ausgehenden 18. Jahrhundert beschränkte sich der Park auf einen ehemaligen Weinberg in ostwestlicher Richtung, von dem man freie Ausblicke zum Schloß, zur Dorfkirche, über den See, nach Berlin, Spandau, Char-

Gutspark und Schloß Tegel, Stahlstich nach L. Rohbock
Aus: Rellstab 1852

Lindenallee am Tegeler Park

lottenburg und zum Kreuzberg hatte, sowie kleinere Gartenanlagen südlich und westlich des Hauses. 1792 wurde die heute ein Naturdenkmal ersten Ranges darstellende Lindenallee anstelle einer Maulbeerallee gepflanzt.

Wilhelm von Humboldt machte das Feld zwischen Allee und Weinberg zu einer Wiese, die seitdem den zentralen Raum des Parks bildet. Das Haus ließ er 1821-24 von Schinkel umbauen und am Ende der Wiese, dem Haus gegenüber, 1829 eine Familiengrabstätte von Schinkel anlegen. Thorvaldsen schuf die dazugehörige Figur der Spes (heute Kopie).

Sehenswert sind auch zwei alte Eichen, eine 500jährige Stieleiche auf der Wiese und eine 800jährige Traubeneiche, die sog. Dicke Marie, nahe dem See.

1983 wurde der Park als bedeutendes preußisches Kulturerzeugnis unter Denkmalschutz gestellt. Park und Schloß sind nur zeitweise in der Sommersaison zugänglich. Informationen gibt das Verkehrsamt Berlin.

Zeltinger Platz und Ludolfingerplatz

Frohnau ist eine Gartenstadt nach englischem Vorbild, planmäßig bebaut (Bebauungsplan 1908). Vor und hinter der für die Überquerung der S-Bahn nötigen Aufschüt-

Zeltinger Platz

tung sind im Mittelpunkt der Gartenstadt zwei halbovale Plätze angelegt (1910-12 von Gartenarchitekt Ludwig Lesser). Es handelt sich um eines des wenigen Beispiele aus der Gartenkunst, bei denen im Grundriß diejenigen Formen auftreten, die wir mit dem Begriff Jugendstil zu verbinden gewohnt sind. Beide Plätze werden von Kastanienalleen gerahmt, – rotblühende auf dem Ludolfingerplatz, weißblühende auf dem Zeltinger Platz. Sanft vertiefte Rasenflächen kontrastieren mit Rosenbeeten und Nadelgehölzen, vier unterschiedliche Brunnen in der Mittelachse verknüpfen die Teile. Die Übergangsbereiche zur S-Bahnbrücke sind architektonisch hervorgehoben: im Westen durch eine Terrasse, auf der eine große einzelne Kastanie steht, im Osten durch eine weinberankte Pergola, die eine Brunnenfigur (1931 von Otto Märker, Kopie) umgibt. Die Wege weisen die damals übliche Mosaikpflasterung aus Bernburger Kalkstein mit Basaltbändern auf. Für den Gesamteindruck mitbestimmend sind der Bahnhofsturm und die Johanneskirche (1935 von Johannes und Walter Krüger).

Von beiden Plätzen gehen geschwungene Straßen aus, durch die sich z. T. großzügig breite Grünstreifen ziehen.

Südpark
Stabholzgarten
Wröhmännerpark

Spandau ist durch seine Seen, Wälder und Felder reichlich mit landschaftlichen Schönheiten gesegnet. Seine Parkanlagen treten demgegenüber in ihrer Bedeutung zurück. Erwähnt sei der Südpark nördlich der Heerstraße, ein zeitloser Landschaftspark. Der langgestreckte See entstand in einem ehemaligen Torfstich. Auf einer Landzunge ein überdachter Sitz inmitten eines großen Blumenbeets. Der Spandauer Gartenamtsleiter Richard Woy entwarf den Park 1922. Ein mit winkligen Natursteinmäuerchen gefaßter Kleinkinderspielplatz verkörpert den Gartenstil der 50er Jahre. Der nördliche Teil des Sees dient als Freibad und Freizeitsportanlage.

Einen Besuch lohnen auch der 1913 im Zusammenhang mit dem Bau des neuen Rathauses zur Havel hin angelegte Stabholzgarten mit dem Bartadeau, einem ehemaligen Stauwehr der früheren Befestigung aus der Mitte des 19. Jahrhunderts am Mühlengraben sowie der

Südpark

ebenfalls nach Schleifung des Festungsgürtels 1913/14 auf dem Gelände eines städtischen Lagerplatzes entstandene Wröhmännerpark an der Havel nördlich der Altstadt.

Gutspark Neu-Kladow

Der von der Neu-Kladower Allee nördlich des Dorfes zugängliche Gutspark Neu-Kladow wurde um 1800 angelegt, zur Zeit der Fertigstellung des unter Anastasius Ludwig Mencken erbauten Herrenhauses. Nachdem das Gut 1815 verkauft worden war, wechselte es in den folgenden Jahrzehnten häufig die Besitzer, bis es schließlich 1887 von Robert Guthmann, dem Begründer der Rüdersdorfer Zementindustrie, erworben wurde. Der Initiative seines Sohnes, des Kunsthistorikers Johannes Guthmann, ist es zu verdanken, daß Paul Schultze-Naumburg in den Jahren 1909 bis 1912 einen Um- und Neubau durchführte, in dessen Verlauf auch die Torgebäude, das Naturtheater, die große, den Park umhegende Mauer, die Nischenmauern, der Gartenpavillon, die Pergola sowie der Landschaftspark und das Blumenparterre neu entstanden.

Aus dem völlig verwahrlosten Park schuf Schultze-Naumburg unter Einbeziehung hundertjähriger Eichen und Linden und unter Berücksichtigung der ausgeprägten topographischen Besonderheiten des Geländes einen Landschaftspark mit zwei offenen Wiesentälern, der sich bis in die auch heute noch überflutete Havelaue erstreckt und von verschiedenen bevorzugten Punkten reizvolle Ausblicke in die Havellandschaft gewährt.

Seitlich des Herrenhauses befand sich ein regelmäßiges Blumenparterre mit reichen Staudenpflanzungen, das sich zur Havel hin öffnete und an zwei Seiten durch das Verwalterhaus und ein Wirtschaftsgebäude, dem sich ein von Max Slevogt ausgemalter Gartenpavillon und eine Pergola anschlossen, gerahmt wurde.

Das noch heute in seinen Grundzügen erhaltene Naturtheater wurde 1911 angelegt.

Garten und Park enthielten Skulpturen wie z. B. den kleinen Eselreiter von August Gaul. Heute sind lediglich noch der Gedenkstein für die früh verstorbene Schwester und der hierher verbrachte Grabstein des Schöpfers Johannes Guthmann und seines Freundes erhalten.

Mit dem Gutspark Neu-Kladow sind neben Paul Schultze-Naumburg auch Karl Foerster und Alfred Lichtwark eng verbunden. Darüber hinaus ist auch das künstlerische Wirken weiterer Persönlichkeiten wie Max Slevogt und Max Reinhardt in der Zeit vor dem I. Weltkrieg in Neu-Kladow belegt.

Der heutige Eigentümer, die Arbeiterwohlfahrt, ist seit einigen Jahren gemeinsam mit der Gartendenkmalpflege um eine der Qualität des Parkes entsprechende Pflege und Wiederherstellung bemüht.

SCHÖNEBERG

Alboinplatz

Der Alboinplatz verdankt seine Entstehung einem der ehemals zahlreichen und ökologisch wertvollen sog. Pfuhle auf der Teltowhochfläche, die die letzte Eiszeit zurückgelassen hat.

Man betritt den kleinen Park von Norden durch ein von Rosenpergolen gebildetes Tor. Hinter einer Taxushecke tut sich eine unerwartet tiefe Senke auf, gerahmt von Lärchen und Kiefern. Zur Rechten liegt für sich ein Spielplatz, zur Linken ein Sondergarten mit quadratischen Blumenfeldern im Rasen und einem nicht mehr funktionierenden Granitspringbrunnen. Zum Teich im Grunde, herkömmlich die Blanke Hölle genannt (Naturschutzgebiet), führt kein Weg, vielmehr umgibt ihn auf der Höhe ein Rundweg, der die einfache Geländeform klar herausarbeitet.

Auf einer Bastion im Süden stemmt sich ein kolossaler Auerochse (1934-36 von Paul Mersmann) dem genau ge-

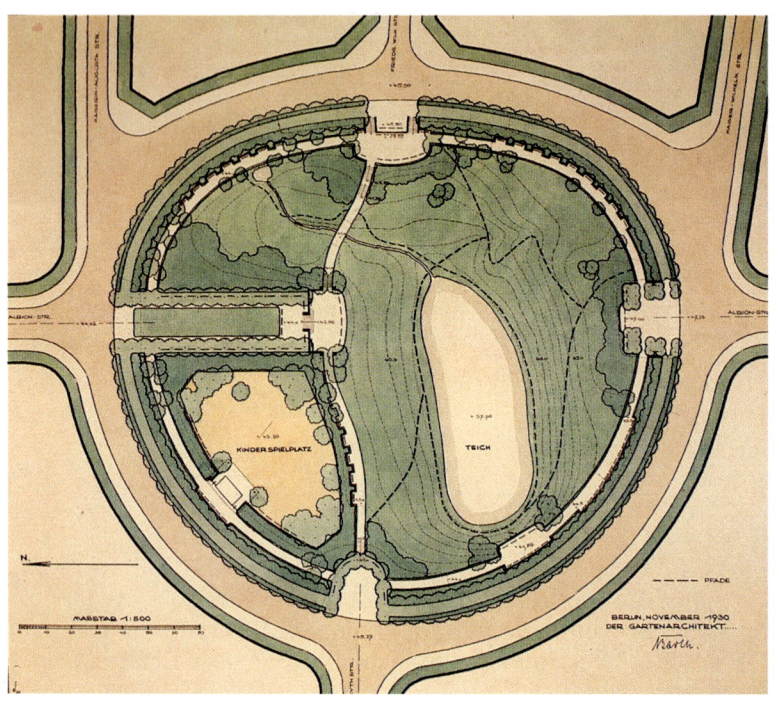

Alboinplatz, Plan von Barth 1930

Alboinplatz

genüberliegenden Eingang entgegen. Die grundlegende Sichtbeziehung über die Senke hinweg ist leider weitgehend zugewachsen. Das Baumaterial ist durchweg Rüdersdorfer Kalkstein. Der Auerochse erinnert an mesopotamische Kunst, seine verhaltene Wuchtigkeit, die abrupten Geländeabfälle, die Kontraste und die bizarren Nadelbäume geben hingegen dem Ganzen expressionistische Züge.

Viktoria-Luise-Platz

Die Stadt Schöneberg legte besonderen Ehrgeiz bei ihren Schmuckanlagen an den Tag. Für die Gestaltung des späteren Viktoria-Luise-Platzes schrieb die mit der Planung des neuen Wohnviertels beauftragte Genossenschaft 1898 einen Wettbewerb aus. Der Platz hatte die seltene Form eines langgestreckten Sechsecks im Schnittpunkt von drei Straßen. Rundherum wuchsen wuchtige, hochherrschaftliche Mietshäuser mit reichen Ecktürmen empor. Von ihnen ist noch genug erhalten, um eine Vorstellung des damaligen Platzcharakters zu geben. Ausgeführt wurde der preisgekrönte Entwurf des Gartenarchitekten Fritz Encke.

Wie im 19. Jh. üblich, bestimmen die Durchgangswege im Verlauf der Straßen den Grundriß. Encke bemühte sich, einen dennoch einigermaßen abgeschirmten Binnenraum mit ruhigen Sitzmöglichkeiten zu schaffen, wie es bei den älteren Plätzen noch keineswegs die Regel war. In die Platzmitte legte er als Blickfang der Straßenachse einen Springbrunnen. Die Wasserstrahlen stiegen ursprünglich aus einem Tuffsteinhaufen auf. Die Rasen-

Viktoria-Luise-Platz, um 1905

stücke schmückte er mit Taxuskegeln und -kugeln, Buchshecken und Blumen. Zum Schutz dienten sog. Tiergartengitter. Ähnliche Schmuckbeete wie auf dem Rasen umgaben auch den Springbrunnen. Bei der gartendenkmalpflegerischen Wiederherstellung des Platzes 1979 wurden sie durch Pflastermuster ersetzt, da sie der Nutzung des Brunnens durch die heutige Bevölkerung entgegengestanden hätten.

Hauptakzente an den Platzenden sind eine halbrunde Kolonnade mit Wandbrunnen und Sitzgelegenheit und gegenüber eine entsprechende Marmorrundbank, die heute mit einfacheren Mitteln nur angedeutet ist. Der später hinzugekommene U-Bahneingang (1910 von Ernst Denecke) stört die Symmetrie ein wenig.

Zwei Reihen Krimlinden grenzen den Platz gegen den Straßenverkehr ab. Da Enckes Konzept keine Spielplätze enthielt, wurde 1979 ein benachbartes Trümmergrundstück für die Kinder hergerichtet.

Der Platz steht seit 1982 unter Denkmalschutz.

Rudolf-Wilde-Park

Wie viele Berliner Grünzüge sind der Rudolf-Wilde-Park und der Volkspark Wilmersdorf in einer unbebaubaren eiszeitlichen Abflußrinne angelegt. Den Anfang machte die Stadt Schöneberg, die sich zugleich mit dem Stadtpark 1910-12 ein neues Rathaus schuf.

Vom Rathaus Schöneberg tritt man zunächst in eine Allee von Sandsteinvasen, von dort führt eine Treppe in

Ententeich am U-Bhf. Rathaus Schöneberg

den ersten, noch eindeutig geometrischen Parkteil hinab. Eine vertiefte Wiese wird hufeisenförmig von einer Platanenallee gerahmt. Die Abschlußarchitektur bildet der U-Bhf. Rathaus Schöneberg mit bis auf den Boden reichenden Fenstern, der, obwohl man dahinter die U-Bahn fahren sieht, viel von einem Prospekt der Barockzeit hat (1907 von Emil Schaudt, dem Architekten des KaDeWe). Gegenüber erhebt sich aus einem festlich rauschenden Springbrunnen eine Säule mit dem Goldenen Hirschen, dem Wappentier Schönebergs (1912 von August Gaul). Rückwärts, an der lauten Martin-Luther-Straße, sind nach 1945 ein Rosen- und Blumengarten angelegt worden, in denen zwei Bronzefiguren, der Morgen und der Abend, stehen (1925 von Georg Kolbe).

Über dem Bahnhof verläuft die Innsbrucker Straße, deren Pflastermosaike im Südteil berühmt sind. Auf der anderen Seite des Bahnhofs erstreckt sich der landschaftlich gestaltete Teil des Parks. Einem Teich, mit Springbrunnen und von Trauerweiden gesäumt, schließt sich ein langgestrecktes Wiesental an. Links erkennt man das Bett eines ehemaligen künstlichen Bachlaufs, rechts befindet sich das Kriegerdenkmal für die Gefallenen der Eisenbahntruppen (1929).

WILMERSDORF

Volkspark Wilmersdorf

Die Kufsteiner Straße bildet die Grenze zum Volkspark Wilmersdorf, der sich bis zur Rudolstädter Straße erstreckt und in wesentlichen Teilen vor dem I. Weltkrieg entstand. Dem gesamten Gelände sind unaufdringlich Spielplätze in schöner Lage eingefügt, und die Wiesen sind als Liegewiesen freigegeben. Zur Bundesallee öffnet sich ein Platanenrondell, in dem inmitten eines Rosenbeets der Speerwerfer (1921 von Karl Möbius) steht. Der elegante Volksparksteg (1971) überbrückt die Bundesallee. Jenseits befindet sich ein reich bepflanzter Blütengarten. Die Wilmersdorfer Auenkirche kommt in Sicht. Sie spiegelte sich einst im Wilmersdorfer See, der 1899 zugeschüttet wurde. Heute nehmen zwei Fußballfelder seinen Platz ein und unterbrechen das lange Wiesental. Anders verhält es sich mit zwei Skatecken, einer Minigolfanlage, einem Tennis- und einem Hundeauslaufplatz, die von den Randzonen aufgenommen werden, ohne das Tal zu verriegeln.

Der letzte Parkteil enthält den langen, schmalen Fenn-see, der von der U-Bahnlinie 2 überquert wird. Die Bahnüberführung war einst ein großartiger Blickfang. Man sah die Züge hinter offenen Arkaden fahren, bei-derseits begleitet von Wandelgängen, in denen man von einem Seeufer zum anderen gelangen konnte. Nach Zer-störungen im II. Weltkrieg wurden die Bögen geschlos-sen. Nur kleine karoförmige Lichtöffnungen erinnern bei der Durchfahrt im Zug noch an die Volksparkdurch-querung.

Rüdesheimer Platz

Das sog. Rheingauviertel zwischen Laubacher und Binger Straße (geschützter Baubereich) ist ein bemer-kenswerter Versuch, den Charakter englischer Garten-städte mit großstädtischer Dichte zu verbinden. Straßen-namen und Skulpturenschmuck beziehen sich auf das damals bevorzugte Reisegebiet Rheingau. Mittelpunkt ist der Rüdesheimer Platz (von Gartenarchitekt H. Berg und Architekt Hermann v. Hoven) mit seiner neobarok-ken Brunnenanlage (1911 von Bildhauer Emil Cauer). In-mitten des Brunnens erhebt sich Siegfried als Rossebän-diger, links und rechts sind ihm die Personifikationen von Rhein und Mosel beigesellt. Davor breitete sich eine schlichte, vertiefte Rasenfläche aus. 1978 wurden statt-dessen große Rechteckfelder, von Pflasterwegen ge-schieden, angelegt (Gartenarchitekt Eberhard Fink), um das Fußballspiel zu verhindern. Die mittleren sind reich

Rüdesheimer Platz

mit Blumen, die anderen mit Rosen, Cotoneaster und Wacholder bepflanzt. Es sind weiße, tragbare Gartenstühle aufgestellt, für die Kinder gibt es im Osten einen gut ausgestatteten Spielplatz. Strenge Säuleneichen flankieren das Parterre, während sich an den Enden die Alleelinden in den Platz hineinziehen. Alle Häuser der umgebenden Bebauung haben ansteigende Vorgärten und im Erdgeschoß Rankgerüste. Geht man die östlich anschließende Landauer Straße entlang, wird dies deutlich, und an ihrem Ende stößt man auf einen heiteren Kinderbrunnen (Entwurf Emil Cauer, Figuren 1982 erneuert).

Villa Harteneck

Aus der Fülle der Berliner Villengärten, die in jüngster Zeit dank der Gartendenkmalpflege in der Öffentlichkeit eine gewisse Aufmerksamkeit gefunden haben, sei hier nur eine öffentlich zugängliche Anlage herausgegriffen. Sie liegt im Ortsteil Grunewald, der seit 1899 auf Betreiben Bismarcks um die Koenigsallee angelegten Villenkolonie. Durch Ausbaggern des alten Fenngrabens entstanden damals Hubertus-, Hertha-, Koenigs- und Dianasee. Grunewald ist das der Innenstadt am nächsten gelegene Villenviertel und bietet reichhaltige Spaziergangsmöglichkeiten, die nicht nur die Seen und die beiden Schmuckplätze Bismarck- und Johannaplatz, sondern auch die stillen Siedlungsstraßen selbst einschließen können.

Villa und Garten Harteneck, Douglasstraße 7-9, wur-

den 1911/12 von dem Architekten Adolf Wollenberg entworfen. Die ursprüngliche Bedeutung der *Villa* als eines
antiken italienischen Landhauses wird hier besonders
deutlich gemacht. Dem streng klassizistischen Gebäude
ist ein ebenso strenger Garten zugeordnet. Ein Rasenparterre mit Rosenrabatten und einem ovalen Fontänenbecken in der Mitte ist zwischen einer halbkreisförmi-
gen Terrasse und einer ebensolchen Pergola einge-
spannt. Seitlich blickt man auf einen tiefer gelegenen,
landschaftlichen Teil hinab, in den die vorhandenen
Grunewaldkiefern übernommen worden sind. In den
Ecken dieser Anlage waren ein Teehäuschen und eine
Bank eingefügt. Die Gartendenkmalpflege bewahrte
den Villengarten vor dem Verfall und stellte ihn 1981-84
wieder her.

NEUKÖLLN

Hasenheide

Stadtgartendirektor Joseph Pertl gab der Hasenheide, auf der sich vordem Schießplätze befunden hatten, 1936-39 ihren heutigen Volksparkcharakter. Er konnte dabei einigen alten Baumbestand übernehmen. 1951 wurde der Westteil neugestaltet (Entwurf Gartenamtsleiter Kurt Pöthig).

Die Hasenheide liegt in dichtbesiedeltem Stadtgebiet und gehört zu den am intensivsten genutzten Grünanlagen Berlins. Größe und einfache Gestaltung als Wiesenräume mit langgestreckten Baumstreifen, die an die alten Schießplätze erinnern, erlauben aber, daß alle Bevölkerungsgruppen Erholung finden. Es fehlt auch nicht an ruhigen Stellen, Schachtischen, Spielplätzen, einem Tiergehege und einem von Schießplatzwällen umgebenen Sondergarten, dem sog. Rhododendronhain (1955-57 von Prof. Helmut Bournot, Heidschnuckenplastiken 1958 von Rudolf Leptien). Labyrinthische Pfade durchziehen hier idyllisch dichte, blühende Bepflanzung. Weiter gibt es eine Imbißstation im „Nierentischstil" und das für Musik- und Theaterveranstaltungen bekannte Naturtheater.

Hasenheide

Auf die Vorgeschichte der Hasenheide weist das nordöstlich in beherrschender Position aufgestellte Turnvater-Jahn-Denkmal (1869-72 von Erdmann Encke) hin. Jahn hatte seit 1811 in der Hasenheide seine ersten Turnübungen veranstaltet, die angesichts der napoleonischen Unterdrückung ein patriotisches Zusammengehörigkeitsgefühl der Jugend schufen. In die Bastion unter dem Denkmal sind zahlreiche Widmungstafeln eingelassen (1814-1961), die von deutschen Turnvereinen aus aller Welt gestiftet wurden. Tafeln und Denkmal waren bis 1936 unten auf der Wiese in anderer Weise aufgestellt. Weitere Erinnerungen an die Zeit der Freiheitskriege sind eine Eiche an der Fontanestraße, an deren Ästen Jahn seinen ersten Turnern Reckübungen beigebracht haben soll, und der nahegelegene Friesenhügel, den Jahn nach seinem im Krieg gefallenen Mitstreiter Friedrich Friesen benannte.

Im Erweiterungsteil liegt die Rixdorfer Höhe – ein Trümmerberg, der heute sehr verwahrlost ist. Die hochgewachsene Strauchbepflanzung bildet ein undurchdringliches Dickicht, das die Wege, von denen man abwechslungsreiche Ausblicke haben könnte, öde und unattraktiv macht. Auch vom Gipfel ist nur noch ein fragmentarischer Rundblick möglich. Am nordöstlichen Hang steht die „Trümmerfrau" (1954 von Katharina Singer), die an die Schuttabräumung durch Berliner Frauen in der Zeit nach 1945 gemahnt.

Körnerpark

Mit dem Körnerpark besitzt der Bezirk Neukölln eine herausragende historische Parkanlage. Der Name geht auf den vormaligen Eigentümer zurück, der das Gelände unter der Bedingung, daß der Park seinen Namen trage, an die damals selbständige Stadt Neukölln abtrat. Das Gartenamt führte 1912-16 die Anlage aus. Früher war hier eine Kiesgrube gewesen, und die vorhandenen Höhenunterschiede gaben Gelegenheit zu monumentaler architektonischer Gestaltung, wie sie die Zeit liebte.

In der Mitte liegt eine von ehemals geschnittenen Platanen gefaßte Rasenfläche. Schmale, ursprünglich irisgesäumte Kanäle begleiten sie, hohe Stützmauern mit Blendarkaden halten das Gelände der umliegenden Straßen. Im Norden ist vor der besonnten Mauer ein hübscher Blumengarten verborgen. Eine wie in Versailles der Stützmauer angeschmiegte Orangerie mit vorgelagerter Terrasse bildet den westlichen Abschluß. Sie beherbergt heute eine Galerie und ein Café. Am gegenüberliegenden Ende sieht man die Hauptattraktion, eine prächtige Kaskade mit neun rauschenden Springbrunnen. Der Ton des hellen Wassers erfüllt den ganzen Park. Der Körnerpark ist neben dem Märchenbrunnen im Friedrichshain und der Kaskade am Lietzensee das deutlichste Zeugnis neobarocker Gartenkunst in Berlin.

Der Park zeigte in den Nachkriegsjahren erhebliche Verfallserscheinungen. Inzwischen konnte jedoch die Wiederherstellung der Baulichkeiten und der gärtnerischen Anlagen auf der Grundlage noch vorhandener Dokumente abgeschlossen werden. In den kommenden Jahren sollen der plastische Schmuck vervollständigt, die Terrasse mit Kübelpflanzen versehen und der Blumengarten mit den ursprünglich reichen Staudenpflanzen ausgestattet werden. Seit 1984 steht der Park unter Denkmalschutz.

Körnerpark

Schulenburgpark

Schulenburgpark

Einen weiteren bemerkenswerten und weitgehend unbekannten Park hat Neukölln im Schulenburgpark am Ende der Sonnenallee. In der Mitte liegt hier ein langes rechteckiges Wasserbecken, von alten Platanenalleen begleitet. An seinem Ostende spiegelt sich ein eigentümlicher Märchenbrunnen. Der offene Pavillon vermischt filigranartig gotische und orientalische Formen. Leider sind die Wasserspiele nicht mehr in Betrieb. Gartenamtsleiter Ottokar Wagler schuf 1923/24 den Park, Ernst Moritz Geyger 1915 den Brunnen, der erst 1935 aufgestellt wurde. Seitlich sind 1970 zwei Figuren von Katharina Singer hinzugefügt worden, Aschenputtel, Brüderlein und Schwesterlein. Am anderen Beckenende folgt ein von Kastanien eingefaßtes Rasenstück mit abschließendem, erhöhten Sitzplatz. Diese bis jetzt beschriebene, rechtwinklige Anlage ist eingebettet in eine landschaftliche Umgebung – ein ähnliches Konzept wie in der Jungfernheide. Zur Straße hin befindet sich ein konventioneller Spielplatz.

Bundesgartenschaugelände

Als erste große Parkanlage nach 1945 entstand der Erholungspark am Massiner Weg im Rahmen der Bundesgartenschau 1985.

Die Notwendigkeit, insbesondere den im Süden wohnenden Berlinern, nachdem die Köpenicker und Potsdamer Seen nur noch mit Umständen erreichbar geworden sind, das fehlende Naherholungsgebiet zu verschaffen, rechtfertigte den Beschluß, die Bundesgartenschau 1985 auf den Feldern am Massiner Weg in Britz auszurichten. 1976 wurde ein landschaftsplanerischer Ideenwettbewerb ausgeschrieben. Der erste Preis ging an den Landschaftsarchitekten Georg Penker und den Architekten Erich Schneider-Wessling, der zweite an den Landschaftsarchitekten Wolfgang Miller, der auch die Bundesgartenschau 1981 in Kassel verwirklichte. Miller erhielt den Auftrag zur Durchführung der Gesamtkonzeption. Er legte den Schwerpunkt auf einen an den modernen Bedürfnissen orientierten Landschaftspark mit ruhiger Mitte, wobei er sich bemühte, in Raumaufbau, Pflanzpraxis und Bildwirkung aus klassischen Vorbildern zu schöpfen. Mit dem Aushub des Sees schüttete er ringsum drei Berge auf, die im Verein mit der Rahmenpflanzung dem Erholungssuchenden im Tal den Eindruck einer freien Landschaft vermitteln sollen. Die Zugangsbereiche wurden als Grünzüge bis weit in die besiedelte Umgebung hineingezogen, damit eine möglichst innige Verknüpfung mit der Stadt entsteht. Ein breiter Fahrweg führt um den See herum, wie man es auch aus historischen Landschaftsgärten kennt. Die aus Granit vegetativ geformte Uferpromenade entwarf Rudolf Mazarin (Büro Miller).

Der See wird von hochgepumptem Grundwasser gespeist; eine künstliche Dichtung war angesichts des tonhaltigen Grundes nicht erforderlich. Nur die von den Hügeln herabführenden Bäche erhielten Asphaltbetten. Das Wasser wird aus dem See zu den Quellen gepumpt, so daß die für das Leben im See nötige Umwälzung und Sauerstoffanreicherung erfolgt. Den natürlichen Zustand der Teltowhochfläche dokumentieren zwei übernommene Pfuhle, der Karpfen- und der Rötepfuhl am Rande des Geländes.

Die Gebäude und Ausstellungsgärten wurden bewußt in die Randzone gelegt, um den weiten geschaffenen

MARIENDORF

Eingang
Mohriner Allee

93 BUS
Zubringer U6

Rothepfuhl

Britzer Straße

Olperer Weg

Schierekestraße

Rothepfuhlweg

Straße 297

Kolonie
Wildspitz

Wildspitzweg

Mohriner Allee

Kolonie
Friedland

Tableau
der
Erinnerung
Landeshauptbühnenpunkt

Eingang
Massiner Weg

Pflanzenschutzamt

Kolonie
Friedland II/33

Orangerie/
Bistro-Café

Kolonie
Am Marienfelder

Versuchsgärtnerei/
Beratungsstelle
Gartenbau

Aussichts-
berg
▲ 63

Alpenhaus

WC

Café
am
See

▲ 44 ÜNN

Liebesinsel

Eingang
Blütenach
1. Juni bis 30. Augu

WC

Milchbar

Wirtschaftshof

Irisses

Wildspitz

WC

▲ 60

Britzer Höhe

Karl-Foerster-
Pavillon

Verwaltung

Eingang
Sangerhauser Weg

Terrassengär
BUGA-Halen

Eingang
Tauernallee

Kolonie
Friedland III

Busse/PKW

Wiesenbach

Parkf

Hundehainweg

Tauernallee

Sangerhauser Weg

Quellweg

Kolonie
Kurt Pöthig

Kolonie
Heimaterde

Kolonie

WC

Freilandlabor

Urnenha

79 BUS
Zubringer U6

N

50   150   250
   100   200   300 m

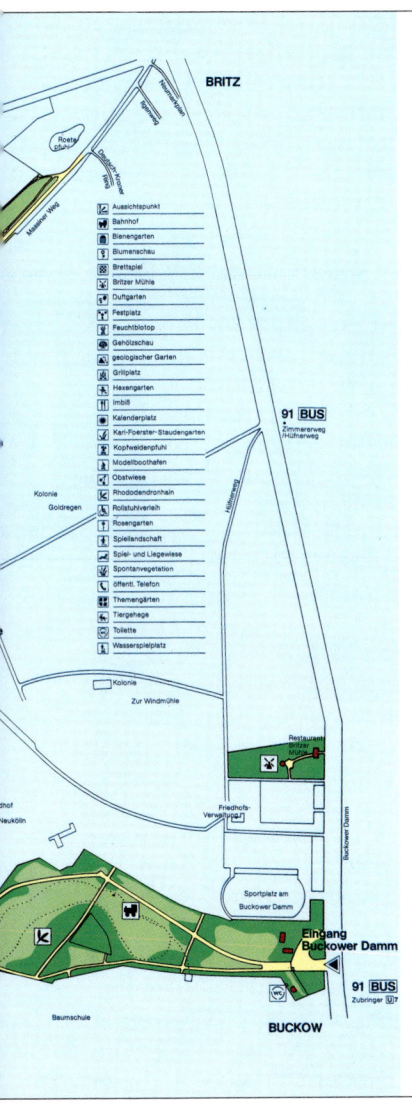

BRITZ

Roste Eiche

Mittlerer Weg

Gielsdorfer Krone Weg

Niederdosse...

Ziegenweg

Aussichtspunkt
Bahnhof
Bienengarten
Blumenschau
Brettspiel
Britzer Mühle
Duftgarten
Festplatz
Feuchtbiotop
Gehölzschau
geologischer Garten
Grillplatz
Hexengarten
Imbiß
Kalenderplatz
Karl-Foerster-Staudengarten
Kopfweidenpfuhl
Modellboothafen
Obstwiese
Rhododendronhain
Rollstuhlverleih
Rosengarten
Spiellandschaft
Spiel- und Liegewiese
Spontanvegetation
öffentl. Telefon
Themengärten
Tiergehege
Toilette
Wasserspielplatz

Kolonie
Goldregen

Kolonie
Zur Windmühle

91 BUS
Zimmererweg
/Hühnerweg

Höllenweg

Restaurant
Britzer
Mühle

Kolonie
/Neukölln

Friedhofs-
Verwaltung

Buckower Damm

Sportplatz am
Buckower Damm

Eingang
Buckower Damm

91 BUS
Zubringer U7

Baumschule

BUCKOW

Erholungspark
Bundesgartenschau Berlin 1985

Landschaftsraum möglichst wenig zu beeinträchtigen und um später ohne wesentliche Einbußen wieder abgebaut werden zu können. Der herkömmlichen Aufgabe der Bundesgartenschauen, Leistungsbeweise des nationalen gärtnerischen Berufsstandes zu sein, tragen Sommerblumenfelder, Karl-Foerster-Garten, Mustergärtnerei, Mustergräber, Hausgärten, Gehölzschau, Themengärten usw. Rechnung. Von Architekt Christoph Langhof stammt die Bundesgeschäftsstelle der Deutschen Gesellschaft für Gartenkunst und Landschaftspflege im Karl-Foerster-Garten, von den Architekten Rogalla & Veit der Wirtschaftshof (Jugendfarm), von Architekt H.-J. Wiesemann das Pumpwerk. Der Tradition bisheriger Gartenschauen folgend, gibt es eine Miniatureisenbahn.

Künstlerische Akzente setzt die Eingangsachse Britz im Zuge des Massiner Wegs, die am See in dem Kalender- oder Sonnenplatz ihren Höhepunkt hat. Dieser Platz ist eine riesige Sonnenuhr. In der Mitte ragt der Zeiger auf. 24 Rippen, den Mittelpunkt radial umgebend und teilweise im See stehend, markieren die Stunden. Zwischen den Rippen für 10 und 14 Uhr ist ein Orangerie-Café eingebaut. Vom Zeiger in Richtung Britz geht die sog. Schlangenpergola aus schräggestellten Balken aus. Sie beschreibt die Form einer sich vergrößernden Sinuskurve um einen Granitmeridian und symbolisiert die Schwingung des Lichts. Diese Bauwerke und die sog. Rhizomatische Brücke über den See stammen von den Architekten Clod Zillich und Jasper Halfmann in Zusammenarbeit mit dem Landschaftsarchitekten Jürgen Zilling, die im Ideenwettbewerb mit dem 5. Preis bedacht worden waren.

Von der Mohriner Allee gelangt man zum Café am See, das zusammen mit den aus abstrahierten Pilzen bestehenden Grotten und der Seebühne ein Werk des Architekten Engelbert Kremser ist. Es wurde zunächst ein Lehmhaufen aufgeschüttet, dieser entsprechend der ge-

Rhizomatische Brücke und Café am See

Kopfweidentümpel
Blick auf Teichbach und Aussichtsberg

wünschten Innenraumgestalt ausgeformt und mit Beton überdeckt. Dann formte Kremser die äußere Haut. Zum Schluß wurde der Lehm entfernt, und die Betonschale blieb stehen.

Am Buckower Damm wurde eine Windmühle aus den Jahren 1865/66 restauriert und das dazugehörige, in den 1960er Jahren abgerissene Müllerhaus nachgeschöpft. Den Eingangsbereich am Buckower Damm gestalteten die 1. Preisträger.

Erstmals in einem solchen Umfange wurde eine Bundesgartenschau als Forum für pädagogische Darstellungen, vor allem aus der Ökologie, genutzt. Auf der Ostseite entwickelt sich eine Reihe künstlicher Biotope, die bestimmt sind, spontan durch standortgemäße Flora und Fauna besiedelt zu werden. Historische Gesichtspunkte werden im Rosengarten (einige alte Rosensorten) und im Hexengarten (alte Heilpflanzen) angesprochen. Für den Kopfweidentümpel wurden überzählige Korbweiden vom Rhein hierher versetzt, um diese aussterbende Kulturform zu zeigen.

Britz

Als Beispiel der zahllosen, meist völlig untergegangenen märkischen Gutsgärten mag hier Britz stehen. Schon 1719 besaß der Staatsminister Rüdiger v. Ilgen an dieser Stelle einen barocken Gutsgarten. Davon zeugt noch die Lindenallee, die von Osten auf das Gutshaus zuführt und ehemals an einem halbrunden Parterre endete. Seine Porträtbüste (1900 von Rudolf Siemering, ehemals in der Siegesallee) wurde jetzt westlich des Guts-

Gutshaus und Gutspark Britz

hauses aufgestellt. Ilgen pflanzte in Britz eine der ersten Robinien, die heute zum Bestandteil der märkischen Flora geworden sind.

Das Gutshaus von 1706 wurde 1880-83 durch den damaligen Gutsherrn Wilhelm August Julius Wrede in Formen der Renaissance umgebaut. Um diese Zeit wurde der bis dahin geometrische Garten landschaftlich überformt, wobei die alte Lindenallee bestehen blieb. 1985-88 wurden Haus und Garten, die nach dem Verkauf an die Stadt 1924 ihren reichen Schmuck eingebüßt hatten, minutiös in den Zustand zur Zeit Wredes zurückverwandelt. Britz ist der einzige Ort, wo die alte, behäbige Gutsparkstimmung, nach der nunmehr abgeschlossenen umfangreichen gartendenkmalpflegerischen Wiederherstellung, heute fast authentisch vermittelt wird. Man denkt an Theodor Fontane, der solche Orte gern beschrieben hat.

Dem Gutspark schließt sich auf der Südseite der Gutshof an. Er entstand in Anlehnung an den ländlichen, italienisch anmutenden „Potsdamer Villenstil" mit charakteristischem Turm um 1860, wird heute vom Gartenbauamt Neukölln genutzt und ist nach Wiederherstellung der Gebäude und des mit historischem Pflaster versehenen Wirtschaftshofes der Öffentlichkeit zugänglich.

Das Gelände zwischen altem Gutspark und Fulhamer Allee wurde 1963 ebenfalls Garten. Im Westen entstand 1964/65 ein Rosengarten mit einer für die Zeit typischen Ausstattung, ihm schließt sich eine große Wiese mit dichtem Gehölzgürtel an.

Britz gehört heute zu den wenigen ehemals ländlichen Vororten, die ihr traditionelles Erscheinungsbild mit Dorfanger, Dorfteich, Feldsteinkirche und Kirchhof, Gutsbesitz, Schulhaus, Pastorat und Eiskeller noch weitgehend bewahren konnten.

Parkring Neu-Tempelhof

Der Parkring Neu-Tempelhof ist eine bemerkenswerte Anlage, die im Zusammenhang mit der Stadtplanung betrachtet werden muß. Nach einem großangelegten Plan (1910) sollte der Westteil des Tempelhofer Feldes, das als Truppenübungsplatz genutzt wurde, eine fünfgeschossige städtische Bebauung erhalten. Auf dem Ostteil entstand später der Flughafen. Das damals entworfene, elegante, aber zweckmäßige Straßensystem springt noch heute deutlich ins Auge, wenn man den Stadtplan betrachtet. Im Herzen der Anlage liegt der kleine Adolf-Scheidt-Platz. Hier steht eine Brunnenstele mit einer Storchskulptur an der Spitze (1931 von Ernst Seeger). Leider läuft kein Wasser mehr, und das Becken ist bepflanzt. In einem Abstand von einer Blocklänge legt sich hufeisenförmig der 60–80 m breite Parkring um den Kern der Siedlung herum. Die Architekten Bruno Möhring, Paul Jatzow und der Gartenamtsleiter Rolf Fischer entwarfen die Gartenanlagen nach einem preisgekrön-

Parkring Neu-Tempelhof, Blick zum Loewenhardtdamm

ten Wettbewerbsbeitrag von Fritz Bräuning, auf den auch die später gebauten Reihenhäuser und die Kirche zurückgehen. Die Verwirklichung begann im Nordwesten, wo einige hohe Mietshäuser von Bruno Möhring von dem ursprünglichen Bebauungsplan Zeugnis geben. Gleichzeitig wurde der Abschnitt des Parkrings von der Richthofenstraße bis zum Loewenhardtdamm fertiggestellt. Es ist der interessanteste. Die dazwischenliegende Boelckestraße ist über eine Brücke geführt, um den Zusammenhang der seitlich gelegenen, vertieften Gartenteile zu sichern. Der stimmungsvolle Seerosenteich im westlichen Teil wird von einem architektonischen Wasserfall gespeist, den eine Plastik von Walter Kniebe bekrönt. Im Ostteil befand sich ein mit dem Teich verbundenes, großes Planschbecken, das 1952 wegen hygienischer Bedenken zugeschüttet wurde. Stattdessen ist hier eine wesentlich schlechter nutzbare Zieranlage von Gartenamtsleiter Bernhard Kynast mit Nierenformen, einem Mühlebrett im Plattenbelag und einer Flußpferdplastik (1954 von Friedrich Zuchandtke) entstanden.

Die Teile südlich des Loewenhardtdamms konnten erst nach dem I. Weltkrieg angelegt werden. Man baute nun einheitlich in Form zweigeschossiger Einfamilienhäuser weiter, die der Siedlung ihr heutiges, freundliches Gepräge geben. Der Ausbau des Parkringes hingegen litt unter zahlreichen Kompromissen. Kleingärten, eine Sporthalle, vier Luftschutzbunker u. a. unterbrechen den einheitlich gemeinten Grünzug. Auf einem der Bunker entstand ein phantasievoller Labyrinth-Spielplatz aus bunt bemaltem Beton.

Gutspark Marienfelde

Neben Britz bietet auch Marienfelde dem Besucher noch heute den Eindruck eines ursprünglich ländlichen märkischen Dorfes und Gutsbesitzes. Das älteste Dokument ist die um 1220 entstandene Feldsteinkirche auf dem Dorfanger. Ihr benachbart liegt das Herrenhaus des ehemaligen Gutes, eine Villa aus der Zeit um 1850/1860, die – wie in Britz – deutlich den Einfluß der Schüler Karl Friedrich Schinkels in Potsdam erkennen läßt. Ihm schließen sich der ausgedehnte Wirtschaftshof und auf der Ostseite der Gutspark an, der in seinen Grundzügen ebenfalls aus der Mitte des 19. Jahrhunderts stammt. Noch immer zeichnet er sich durch einen wertvollen alten Baumbestand und weite Wiesenlichtungen aus. Der ehemals unmittelbar am Herrenhaus gelegene Schmuckgarten mit einem Brunnen und Blumenbeeten soll wiederhergestellt werden.

Volkspark Mariendorf

Eine großzügige geometrische Anlage ist der Volkspark Mariendorf (1923-34 von den Gartenamtsleitern Rolf Fischer und Bernhard Kynast). Vom Mariendorfer Damm erstreckt sich hinter einem Baumraster aus Kastanien ein großer rechteckiger Teich (Blümelteich) nach Osten. In derselben Achse folgt ein quadratischer Sommerblumengarten mit einer Stahlplastik „Gespaltenes Dreieck" von Volkmar Haase (1972, 1985 aufgestellt)

Volkspark Mariendorf, Blümelteich

in der Mitte. Ihm schließen sich eine große mit Pappeln umstandene Sport- und Festwiese, die jetzt leider zum Fußballplatz mit fester Tenne ausgebaut ist, sowie ein Stadion an. Das Sommerbad ganz am Ende sollte ebenfalls axial angelegt werden, wurde aber erst nach dem Kriege asymmetrisch ausgebaut. Im Sommerblumengarten kreuzt eine Nordsüdachse. Linden bilden ihr Entrée von Alt-Mariendorf her, zwischen ihnen ist ein Azaleengarten entstanden. Man sieht dann einen Kinderbrunnen (um 1910 von Waldemar Berger, 1983 aufgestellt) und steigt hinab in die Vertiefung des ehemaligen Planschbeckens, die heute von einem Sumpfpflanzengarten eingenommen wird. Nördlich des Sommerblumengartens beschließt ein ovaler Rosengarten diese Achse.

Die übrigen Flächen sind landschaftlich gestaltet. Sie nehmen Liegewiesen mit Liegestühlen und im Südosten eine Rodelbahn auf. Von der Spitze des Rodelbergs hatte man eine weite Aussicht, bevor mangelnde Pflege die Gehölze zu hoch werden ließ.

Am Eingang Rixdorfer Straße Ecke Alt-Mariendorf stehen seit 1984 zwei Werke der sog. Glyptiker, „Gruppe" von Manfred Hodapp und „Großes Idol" von Dietrich Arlt Areas.

STEGLITZ

Botanischer Garten

Der heutige Botanische Garten entstand 1897-1903 nach Entwurf des Architekten Alfred Koerner als Ersatz für den von der wuchernden Stadt bedrängten alten Botanischen Garten in Schöneberg (heute Kleistpark) auf ehemaligem Ackergelände. Die Allee, durch die ein großer Teil der Besucher vom Königin-Luise-Platz aus den Garten erreicht, ist nach dem ersten Direktor des Gartens, Adolf Engler, benannt. Er und andere um den Garten verdiente Personen sind nördlich der Gewächshäuser beigesetzt. Unter den Grabmälern ragt das des Ministerialdirigenten Friedrich Althoff (1911 von Hans Krükkeberg) hervor, der sich für die Verlegung des Gartens maßgeblich eingesetzt hatte.

Keine Anlage in Berlin repräsentiert noch so unverändert die typische Gartengestaltung des Historismus. Man berief sich dogmatisch auf die Lenné-Meyersche Schule. Im Herzen eines jeden Parks lag demnach ein symmetrisches Bauwerk, die Stelle des Schlosses vertre-

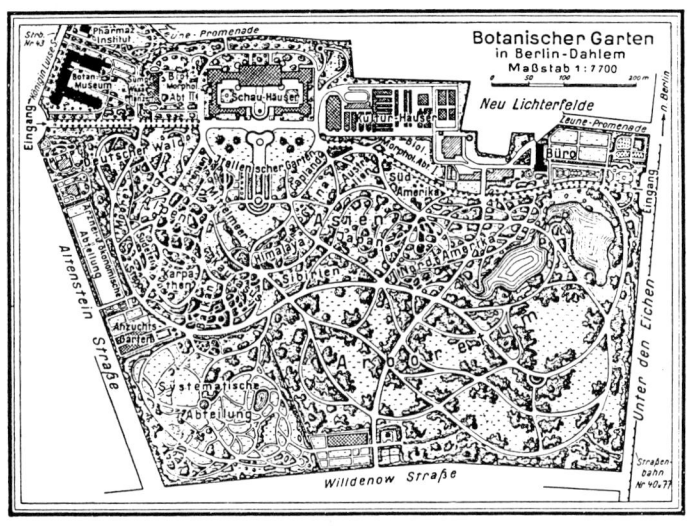

Botanischer Garten, Plan 1929

tend. In diesem Falle war es der Komplex der Pflanzenschauhäuser. Das 1907 vollendete, 1965-68 erneuerte Große Tropenhaus, ein bedeutendes technisches Denkmal, ist der Mittelpunkt des Gartens. Berühmt ist auch das von einer Pergola umgebene Victoria-amazonica-Haus, benannt nach der darin gedeihenden Schwimmblattpflanze, deren Blätter ein Kind zu tragen vermögen. Die Schaugewächshäuser E bis K seitlich des Victoria-amazonica-Hauses wurden 1980-87 erneuert (Architekt Engelbert Kremser), wobei sie einer Idee von Dipl. Gärtner Horst Kraft zufolge eine halbrunde Vorderfassade erhalten. Die gewölbten Acrylglasscheiben sind statisch haltbarer und lassen mehr UV-Strahlung durch als herkömmliche Glasscheiben.

Dem Gebäudekomplex ist, der Regel gemäß, ein symmetrischer Garten, der Italienische Garten, vorgelagert. Er enthält auf der oberen Ebene anmutig gekurvte, an den Jugendstil erinnernde Wasserbecken mit der Skulptur des Geißeltierchens Euglena (1964 von Irma Langhinrichs) und weiter unten eine rabattengesäumte Parterreanlage mit zwölf Gußeisenvasen aus dem Königlichen Lustgarten zu Berlin, dem Vorvorgänger dieses Gartens, und zwei Figuren, Flötespieler und Mädchen mit Oleanderzweig (1928 von Constantin Starck). Von hier schwingen Rundwege aus und erschließen den Park.

Ein alleeartiger Hauptweg verbindet die beiden Eingänge Königin-Luise-Platz und Unter den Eichen. Östlich davon liegen die Häuser, die morphologische Abteilung, der Duft- und Tastgarten (1981-83 von Horst Kraft und Gartenarchitekt Holm Becher) und der Sommerblumen-Sichtungsgarten; westlich davon erstreckt sich der eigentliche Garten. Der Nordteil ist geographisch geordnet und enthält zahlreiche künstliche Felsformationen zur Darstellung der Gebirgsfloren. Der Südteil mit dem Arboretum und zwei fischbesetzten Seen konn-

Botanischer Garten, Vorlesungshalle

te großzügiger gestaltet werden. An Gebäuden sind eine Sitzhalle mit schüsselförmigem Kupferdach, eine zeltartige Vorlesungshalle, eine romanische Rosenlaube und eine Japanlaube (alle von Koerner) zu finden. Am Rande liegen die nach Pflanzenfamilien gegliederten systematischen Abteilungen. Symbolik kommt in den beiden Eingangsbereichen zum Tragen: Am Südeingang steht ein Sämann (von Hermann Pagels), im Norden atmet der Deutsche Buchenwald zu beiden Seiten der Allee patriotische Heroik.

Stadtpark Steglitz

1912-14 legte die damals selbständige Gemeinde Steglitz nach Plänen von Gartendirektor Fritz Zahn ihren Stadtpark an. Die geometrische Schmuckanlage beschränkt sich hier auf ein Alleestück aus Silberahornbäumen, das sich in der Mitte zu einem Rondell weitet. Der dort befindliche Springbrunnen mit seinen charakteristischen feinen Strahlen stammt aus dem Jahre 1957. 1917 fügte Zahn ein in sich geschlossenes Rosarium ein, eine reizende Anlage um ein Goldfisch- und Seerosenbecken. Man betritt sie durch eine Pforte, die aus einem Heckenkubus herausgeschnitten ist, und erblickt als erstes eine bronzene Frauenplastik (1959 von Josef Limburg) inmitten des zentralen Rosenbeetes. An anderer Stelle des Parks schwelgt eine Bacchusfigur (1880 von Rohmann) in Weintrauben. Der zumeist schattige Park folgt sonst mit seinen kleinen Teichen dem Gedanken des Landschaftsparks. Für die Kinder existieren heute ein Spielplatz und ein Verkehrsgarten.

Stadtpark Steglitz, Rosengarten

Stadtpark Steglitz

Schloßpark Lichterfelde

Der westlich der Sedanstraße anschließende Teil (Goebenwiesen und Birkbuschgarten) kam 1939 hinzu. Er zeichnet sich durch bewegtes Gelände aus und wird größtenteils zum stillen Lagern auf den Wiesen genutzt. Von hier kann man über den Bäkepark weiter zum Teltowkanal und zum Schloßpark Lichterfelde gelangen.

Von der Königsberger Straße verfolgt man eine prächtige Spitzahornallee am östlichen Ufer des Teltowkanals, bis rechts ein Weg abzweigt, der in ein mit alten Buchen und Blutbuchen umstandenes Wiesental führt (ca. 1908). Am Ende des Tals ist als Blickfang ein Lilienthaldenkmal (1914 von Peter Breuer) errichtet. Die Bronzefigur mit ausgebreiteten Flügeln auf pyramidenartigem Sockel ist von besonderer Eindringlichkeit. Gerahmt wird sie von Kastanien; dahinter liegt ein kleines Rasenparterre mit ehemals geschnittenen Eiben. Die Freigabe des Tals davor als Liegewiese widerspricht der beabsichtigten Strenge der Gestaltung.

Jenseits der Bäkestraße steht in einem Kastanienrondell ein Musikpavillon, der axialen Bezug auf das Denkmal nimmt. Über einen Fußgängersteg in der Krahmerstraße kann man den Kanal überqueren und den Lichterfelder Schloßpark erreichen.

Lilienthalanlage am Teltowkanal

Schloßpark Lichterfelde

Das alte Herrenhaus, vom Volksmund zum Schloß erhoben, wurde 1865 Eigentum des Hamburger Immobilienhändlers Wilhelm Carstenn, der seit 1874 v. Carstenn-Lichterfelde hieß. Während er die zu dem Gut gehörenden Ländereien parzellierte und damit die Villenkolonie Lichterfelde begründete, gab er seinem Wohnhaus die heutige Gestalt und legte 1867 den Park neu an. Bis zum Bau des Teltowkanals im Bett des Bäkegrabens 1905 reichte der Park bis zur Berliner Straße (heute Ostpreußendamm) und umfaßte vier Teiche. Etwa die Hälfte des verbliebenen Geländes ist seit 1923 Naturschutzgebiet und eingezäunt. Die Blumenbeete, die den Park einst zierten, sind nicht mehr vorhanden.

Carstenns Villenkolonie gliedert sich in Lichterfelde-West (zwischen Hindenburgdamm und Unter den Eichen) mit dem Augustaplatz und Lichterfelde-Ost (östlich des Ostpreußendamms) mit dem Marienplatz als zentraler Schmuckanlage. Die von Carstenn besorgte Straßenbepflanzung trägt mit dazu bei, daß dieses Gebiet, das seinen ursprünglichen Charakter weitgehend erhalten hat, heute größten Reiz auf den Spaziergänger ausüben kann.

Lilienthalgedenkstätte

Lilienthalpark

In Lichterfelde, fern von der Stadt, unternahm Otto Lilienthal seine Versuche im Gleitflug. Zu diesem Zweck schütteten er, sein Bruder und seine Helfer 1894 einen Hügel auf. Aus diesem Hügel ist eine sehr eindrucksvolle Gedenkstätte geworden (1928-32 von Stadtbaurat Fritz Freymüller). Der Hügel ist als vierfach abgestufter Kegelstumpf ausgeformt und spiegelt sich in einem langrechteckigen Wasserbecken mit Seerosen. In der Mittelachse führt eine Treppe hinauf. Die Idee erinnert stark an die Grabpyramide des Fürsten Pückler in Branitz. Mit geometrischer Strenge und einfachen Mitteln ist ein Höchstmaß an Wirkung erreicht. Auf dem Gipfel ruht eine steinerne Weltkugel, umgeben von vier steinernen Bänken. Ein Stahlpavillon, der über der Kugel den Himmel hereinläßt, krönt das Ganze. Man hat einen weitreichenden Rundblick, den nur die Trabantenstädte der jüngsten Vergangenheit beeinträchtigen. Die nächste Umgebung des Hügels ist betont flach gehalten. Obstbäume stehen regelmäßig in Rasenflächen. Niedrige, geschnittene Buchenhecken grenzen die Gedenkstätte ein.

Im Süden schließt eine weniger bemerkenswerte landschaftliche Anlage an. Sie enthält ein Rosenrondell und einen tiefgelegenen ehemaligen Karpfenteich, dessen unverständlich dichte Bepflanzung ihn optisch nahezu unwirksam macht.

Schwarzer Grund-Thielpark-Triestpark/ Dreipfuhlpark/Fischtal

Die drei hier vorzustellenden Grünzüge sind in eiszeitlichen Rinnen innerhalb einer planmäßigen Vorortbebauung entstanden, für die der Städtebauer Hermann Jansen vor dem I. Weltkrieg einen exemplarischen Bebauungsplan entwickelt hatte, in dem sich Straßenführung, Bebauung und Freiräume harmonisch miteinander verbinden. Schöpfer der Parkanlagen war der bemerkenswerte Zehlendorfer Gartenamtsleiter Max Dietrich.

Schwarzer Grund, Thielpark und Triestpark bilden einen dieser Grünzüge. Dietrich gab ihm 1930-34 seine heutige Form. Die durchschneidenden Straßen stören keineswegs, da der Verkehr unerheblich ist. Charakteristisch sind großzügige Geländekurven und die gruppenweise Zusammenstellung der Bäume nach Arten, wobei große Kontraste in Habitus, Laubstruktur und -farbe auffallen. Es konkurrieren Fichten, Birken, Robinien, Kiefern und Trauerweiden miteinander. Man kann darin ei-

Thielpark
Dreipfuhlpark

nen Ausdruck des Expressionismus sehen, der sich auch besonders in der häufigen Verwendung der spitzen Formen von Fichten, Douglasien und Eiben bemerkbar macht. Der Schwarze Grund, am Thielplatz erst licht und weit, verengt sich bald zu einem von dunklen Nadelbäumen bestimmten Tal, wo es stets kühl und schattig ist und wo im Frühjahr Rhododendron blüht. Sehr anziehend wirkt auch der Nordteil des Schwarzen Grundes mit seinem in der Senke liegenden, langen Teich.

Der Thielpark beginnt südlich der U-Bahn mit einer Plastik „Sonne" (1961/62 von Herbert Baumann). Die teilweise intensive Nutzung führt dank seiner freizügigen und einfachen Gestaltung zu keinen Beeinträchtigungen. Prägend ragt die Jesus-Christus-Kirche (1931/32) hinein. Der Südteil ist ein erweiterter Spielplatz für Kinder und Erwachsene. Jenseits der Thielallee umgibt der Triestpark einen weiteren Pfuhl.

In den Zwanziger Jahren entstand die Siedlung Fischtalgrund in der Bemühung, bei rationalem Bauen Individualität zu wahren. Dietrich hatte die Aufgabe, den zur Siedlung Onkel-Toms-Hütte gelegenen langgestreckten Freiraum zu gestalten. Es gelang ihm 1925-29 in hervorragender Weise, eine landschaftliche Anlage zu schaffen, deren Reiz man anhand der ursprünglichen Grundfläche nie vermuten würde. Man wählt als Ausgangspunkt am besten das stimmungsvolle Lokal Waldhaus in der Onkel-Tom-Straße. Roteichen bilden hier zwei Torplätze an der Ecke Sophie-Charlotte-Straße und in der Mitte der Parkschmalseite. Links kommt man zu einem Rodelhügel, rechts zu einer hölzernen Regenhalle. Empfehlenswert ist ein Rundweg. Das für Berliner Verhältnisse lebhaft bewegte Gelände zeichnet sich durch zusammenhängende Rasenflächen aus, die im Kontrast zu den dunklen Nadelholz-Rahmenpflanzungen besonders teppichhaft dicht, hell und weit wirken. In der Vertiefung liegt ein stiller Pfuhl. An herausragender Stelle steht eine prachtvolle Roteiche mit einer Rundbank. Die lange Mulde im Nordteil wird fast ausschließlich von Douglasien und Kiefern begleitet. Zwei gerade Wege führen beiderseits des Tals entlang, der eine innerhalb des Gehölzsaumes, der andere davor. Den Abschluß bildet ein Spielplatz unter vier Eichen.

Die dritte derartige Anlage, der Dreipfuhlpark (1935-39), ist von grundsätzlich anderem Charakter als die vorher beschriebenen, nämlich flach und auenhaft. Dietrich wählte helle, feinblättrige Laubgehölze wie Birken, Pappeln, Weiden und Obstbäume. An den flachen Ufern des Pfuhls gedeiht Röhricht, eine Sitzplattform ist bis ans Wasser herangeschoben. Nahe der Garystraße steht eine schilfgedeckte Halle, die auf den Pfuhl ausgerichtet ist. Unterhalb strecken sich zwei der Sonne zugewandte und mit reichen Blumenteppichen bedeckte Terrassen in die Aue vor. Der Kontrast von natürlicher und gestalteter Landschaft macht hier einen großen Reiz aus, ähnlich wie auf dem Alboinplatz.

Pfaueninsel

Vom Marmorpalais im Potsdamer Neuen Garten unternahm Friedrich Wilhelm II. gern Bootsausflüge in die Umgebung. Dabei kam er oft an die Pfaueninsel, in deren dichtem Schilfgürtel er Enten und Schnepfen jagte. Die von ihm 1793 angekaufte Insel bestand zu jener Zeit aus Acker- und Weideflächen sowie aus größeren Eichenwaldbeständen. Der König ließ darauf das Schloß, die Meierei, den Jakobsbrunnen und den Jagdschirm errichten. Jedes dieser Gebäude strahlte eine bestimmte märchenhafte Stimmung aus. Die Pfaueninsel ist ein beispielhafter sentimentaler Garten, wie er sonst kaum so gut noch erhalten ist. Die Gärtner gestalteten nur die

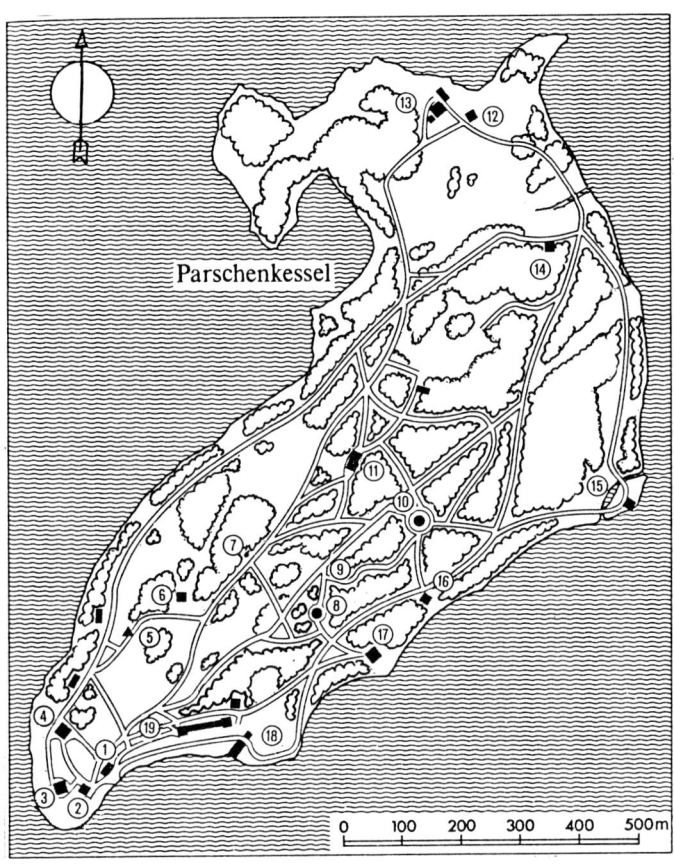

Parschenkessel

0 100 200 300 400 500m

Pfaueninsel, Lageplan

① Fährhaus
② Kastellanshaus
③ Schweizerhaus
④ Schloß
⑤ ehem. Palmenhaus
⑥ Jakobsbrunnen
⑦ Lamabrunnen
⑧ Schalenbrunnen
⑨ Wasservogelteich
⑩ Volière
⑪ Kavalierhaus
⑫ Meierei
⑬ Ställe
⑭ Luisentempel
⑮ Jagdschirm
⑯ Winterhaus für
   fremde Vögel
⑰ Maschinenhaus
⑱ Fregattenschuppen
⑲ Rosengarten

117

Umgebung des Schlosses und stellten ein paar Wege her. Auch Friedrich Wilhelm III. schätzte die Insel. Er richtete eine Menagerie ein, fügte noch einige Gebäude hinzu und ließ schließlich Lenné die gesamte Insel als Landschaftspark durchgreifend umgestalten. Es gab außer Pfauen und ausländischem Federvieh aller Art Affen, Bären, Raub- und Huftiere aus allen Ländern, ja sogar Känguruhs. Sie bildeten später den Grundstock des 1842-45 angelegten Berliner Zoologischen Gartens. Ebenso wurden botanische Raritäten gehegt, blaue Hortensien, Dahlien, Blattpflanzen, Rosen und Palmen. Noch heute weist die Pfaueninsel einen sehenswerten Bestand seltener Gehölze auf, der freilich nicht mehr in allen Fällen original ist.

Bei der Überfahrt sieht man rechts den Fregattenschuppen (1833 von A. D. Schadow), der für eine Miniaturfregatte erbaut wurde. Hält man sich links, kommt man erst am Kastellanshaus (1795), dann am Schweizerhaus (1829/30 von Schinkel) vorbei. Von hier sieht man auf dem Festland die in der Nähe des 1819 entstandenen Blockhauses Nikolskoe gelegene Peter- und-Paul-Kirche (1834-37 von Stüler), die für die Bewohner der Pfaueninsel, Kleinglienickes und Stolpes und die Königsfamilie selbst gedacht war. Das leuchtende Weiß des nun ins Blickfeld kommenden Schlößchens (1794-97) ist auf die Fernwirkung bis nach Potsdam berechnet. Die Umgebung des Schlosses zeichnet sich vor allen anderen Inselbereichen aus. Eine Granitvase (1823), gußeiserne Bänke, ein Brunnen mit einer Wasserglocke (um 1830), unter die ein Blumenkranz gehört, und Blumenbeete bilden den Schmuck. Eine der von Lenné geschaffenen Hauptsichtachsen durchzieht, am Brunnen beginnend, die ganze Insel.

Zwischen Schloß und Fähre liegt der Runde Garten (1821) mit einer Pergola aus Robinienstämmen, an welcher die verschiedensten Schlinger wachsen. Die Beet-

Pfaueninsel, Meierei

Pfaueninsel, Jakobsbrunnen

bepflanzung ist sorgfältig nach Wuchshöhen und Farben gestaffelt. Weiter östlich stehen seltene Bäume; ein Teil von ihnen ist beschildert, darunter ein Exemplar (1955) der 1944 in China entdeckten Metasequoia glyptostroboides.

Eine weitere Besonderheit der Pfaueninsel sind am Schloß der dichte, teppichhafte Rasen und die buntblühenden Wiesen im eigentlichen Landschaftspark. Sie wurden seit ihrer Anlegung kontinuierlich gepflegt, enthalten daher heute mehr Arten als andere Berliner Wiesenflächen und sind Refugium für seltene und gefährdete Kräuter geworden. Da sie dem steigenden Besucherstrom nicht gewachsen sind, besteht ein striktes Betretungsverbot. Die gesamte Insel ist Naturschutzgebiet.

Man wählt gewöhnlich einen Rundgang um die Insel im Uhrzeigersinn. Zuerst trifft man auf die Stelle des ehemals berühmten, 1880 abgebrannten Palmenhauses. Dann kommt man zum sog. Jakobsbrunnen (um 1795), der aus alten Bauteilen in der Art der Ruine des Sonnentempels des Aurelian in Rom gebaut ist. Von hier führt wiederum eine lange Sichtschneise Lennés zur Meierei am anderen Inselende. Am Lamabrunnen, wo früher das Lamahaus stand, biegt man rechts ab und erblickt bald, zwischen den Zweigen versteckt, einen eisernen Schalenbrunnen (1827). Er steht inmitten eines Wasserreservoirs auf dem höchsten Punkt der Insel. Eine Dampfmaschine pumpt Havelwasser zur Bewässerung der Insel hierher. Nicht weit entfernt findet man den kleinen Wasservogelteich (1824). Andere Stationen des Rundgangs sind dann das Vogelhaus (1833 von Friedrich Rabe) und das Kavalierhaus (1824-26 von Schinkel unter Verwendung einer gotischen Hausfassade aus Danzig in diese Form gebracht). Auf der sich zur Havel erstreckenden Wiese verharren einige uralte, größtenteils abgestorbene Eichen. Sie erinnern an die Gemälde Caspar David Friedrichs und fügen sich in den weltfernen Cha-

Pfaueninsel, Schloß

Pfaueninsel, Luisentempel

Pfaueninsel, Schalenbrunnen

rakter der Insel mit ihren ebenfalls z. T. ruinenhaften Gebäuden.

Bald wird am Rande einer ländlichen, auch von Lenné unangetasteten Wiese die Meierei (um 1795) sichtbar, die wie eine Kirchenruine wirkt, in der sich Bauern eingenistet haben. Drinnen wurde dem König frische Milch gereicht. Daneben am Wasser stehen Rinderstall (heute Pferdestall), ebenfalls in der Art eines Kirchengebäudes, und Federviehstall (beide 1802 von F. L. C. Krüger).

Am Anfang des Rückweges dem Südufer entlang steht unter einer Eiche eine von ursprünglich 16 Marmorbänken (um 1795 von Fr. Heinr. Kambly). Aus dem Waldrand schaut, stets beschattet, nach Norden eine dorische Tempelfassade heraus, der Luisentempel. Er bildete ursprünglich den Eingang des Mausoleums in Charlottenburg, bis dieser 1829 in Granit neu aufgeführt und die alte Fassade hierher versetzt wurde. Eine gotische Gußeisenbrücke (1802), ursprünglich in Charlottenburg, führt zum sog. Jagdschirm, einem ehemals freistehenden Borkenhäuschen, aus dem Friedrich Wilhelm II. nach Wasservögeln schoß und das um 1795 aus Beelitz auf die Pfaueninsel überführt wurde.

Wo der Weg an der Inselgärtnerei vorbei zur Fähre zurückführt, passiert man eine Allee aus bemerkenswert alten Buchsbäumen. Rechts des Weges wurde um der Kuriosität willen in eine alte Eiche eine Tür eingesetzt (um 1830), ein Motiv, das 1865 in dem Märchen „Alice in Wonderland" wiederkehrt. Der 1821 angelegte Rosengarten ist 1985-89 wiederhergestellt worden.

Um das gartenkünstlerische Kleinod nach 1918 vor Eingriffen und einer Parzellierung zu bewahren, wurde die Insel 1924 unter Naturschutz gestellt. In den letzten Jahren sind von Seiten der Verwaltung der Staatlichen Schlösser und Gärten, in deren Vermögen sich die Insel seit Jahrzehnten befindet, erhebliche Anstrengungen für Pflege und Wiederherstellung unternommen worden.

GLIENICKE
Klein-Glienicke

1816 beauftragte der Staatskanzler Fürst Hardenberg
den jungen Gärtnergesellen Peter Joseph Lenné mit der
Neugestaltung des Gartens, der zu seinem kurz zuvor er-
worbenen Landgut Klein-Glienicke gehörte. Es war
Lennés erste Arbeit in Preußen. Dabei handelte es sich
um das Gelände zwischen Schloß und Havelbrücke.
Nach Hardenbergs Tode ließ der neue Eigentümer Prinz
Carl v. Preußen, der Glienicke bis zu seinem Tode 1883
im Sommer bewohnte und entscheidend formte, seit
1824 Änderungen in größerem Umfang vornehmen. Das
gesamte Gut wurde in Lennés Planung einbezogen. Karl
Friedrich Schinkel und seine Schüler veränderten und
ergänzten die Gebäude. Grundgedanke war die Vorstellung eines italienischen Landsitzes. Italien als die Wiege
der abendländischen Kultur war damals das Idealland
aller Künstler. Prinz Carl war 1822 mit seinem Bruder
Friedrich Wilhelm (IV.) dort gewesen. Zahlreiche in Italien erworbene, z. T. in die Mauern eingelassene Fragmente belegen seine spezielle Sammlerleidenschaft.
Der durch einen Zaun abgesonderte, von 1816 an ge-
schaffene Garten am Haus galt (unbeschadet seiner italienischen Intention) im Sinne der damaligen englischen Gartentheorie als „pleasureground", d. h. im
Freien fortgesetzte, reich ausgestattete Wohnung. Die
übrigen, bis dahin vorwiegend landwirtschaftlich genutzten Flächen wurden bis um 1860 erweitert und unter

Klein-Glienicke, Gemälde von C. D. Freydanck 1847

Klein-Glienicke, Stibadium

Einbeziehung des Böttcherberges und des Geländes am Jagdschloß in einen großen zusammenhängenden Landschaftspark verwandelt. Neben Babelsberg und der Pfaueninsel wurde auch Glienicke Teil der gestalteten Kulturlandschaft um Potsdam, deren künstlerische Durchformung und zugleich ökonomische Verbesserung mit dem Konzept einer übergreifenden „Landesverschönerung" seit der Thronbesteigung Friedrich Wilhelms IV. im Jahre 1840 ernsthaft verfolgt wurde.

Der den Rundgang im Sinne der Schöpfer eröffnende Parkzugang ist dort, wo der große Parkweg an der Königstraße in den Hauptzugangsweg zum Böttcherweg und nach Babelsberg übergeht. Die große Treppe rührt von einer Straßenerhöhung 1939 her. Rechts liegt der stille Märchenteich auf dem 1842 hinzuerworbenen Waldgelände. Das Wildgehege ist erst neuerdings eingerichtet worden. Man gewinnt zunächst einen Einblick in die größte Wiese des Parks, auf altem Gutsgebiet zur Linken. Hinter einer baumbestandenen Erhöhung tut sich dann rechts die Vertiefung des trockengefallenen Schloßsees auf. Links passiert man den Wirtschaftshof (1843-45 von Persius). Ihm sind das Greifentor (1862) und ein Torwärterhaus (1842 von Ferdinand v. Arnim) angegliedert. Der kleine Portikus am Schloß führte ehemals direkt in den halboffenen Gartenhof zwischen Schloß und Kavalierflügel (1825-27 bzw. 1832 von Schinkel umgebaut). Jetzt ist das Schloß so verlängert, daß es sich zwischen Park und Hof schiebt und damit die großräumige Landschaftseinbindung empfindlich beeinträchtigt. Als der innerste Garten ist der Hof seit 1987 wieder reich mit Beeten und Brunnen geschmückt. Vor dem Kavalierflügel wurde 1828 eine Ildefonsogruppe wie in Goethes Weimarer Haus aufgestellt. Gegenüber findet man unter einer Pergola, die mit Passionsblumen und Pfeifenwinden berankt ist, den ursprünglichen Schloßeingang. Über ein Pflastermosaik tritt man vom

Klein-Glienicke, Kasino

Hof in den pleasureground und geht links um das Haus herum. Ein eiserner Laubengang (mit wiederverwendeten Sphingen von 1796) führt zum Stibadium südöstlich des Schlosses hinab (1840 von Persius), einer überdachten Rundbank nach altrömischem Muster. Davor steht eine Granitschale (1830 von Cantian) aus dem Alten Vestibül des Charlottenburger Schlosses, die Friedrich Wilhelm III. dem Prinzen Carl vermacht hatte. Die falsch restaurierten Bodenbeläge stammen aus dem Jahre 1961. Von hier sieht man auf Potsdam mit der Kuppel der Nicolaikirche, als schaute man vom Monte Pincio auf Rom mit dem Petersdom. Die Löwenfontäne (1837 von Schinkel) ist einem Brunnen in der Villa Medici ebenda nachempfunden. Große Blattpflanzen säumten den Rand, über den in einzelnen Fäden das Wasser rann. Weiter kommt man zu einem Teepavillon, der Kleinen Neugierde (1825 von Schinkel umgebaut, Eingang 1848), aus dem man das Leben und Treiben auf der Chaussee nach Potsdam beobachten konnte. Der wieder aufgestellte Findling gegenüber dem Eingang trug seit 1827 eine Brunnenplastik, die sog. laitière (Mädchenfigur mit zerbrochenem Krug) von Pawel Petrowitsch Sokolow, deren Nachguß 1989 aufgestellt werden soll. Ersteigt man den Hügel, so öffnet sich allmählich einer der schönsten Ausblicke weit und breit. Zwischen Baumkulissen ist die Havel sichtbar, links antike Säulentrommeln vom Kap Sunion, rechts ein Schalenbrunnen (1850 von Stüler). Hervorzuheben ist die von diesem erhöhten Aussichtsplatz besonders gut nachzuempfindende feine Lennésche Geländemodellierung. Am Ende des pleasureground erhebt sich die Große Neugierde (1835-37 von Schinkel). Über Havel und Jungfernsee blickt man von hier nach Potsdam und Babelsberg. Bei einer Straßenverbreiterung 1939 wurde ein Streifen des pleasureground abgetrennt und die Neugierde um 11 m zurückversetzt. Auf dem Weg zum Kasino bemerkt man wiederum einen Gartenzaun, der so beschaffen ist, daß er von weitem nicht sichtbar ist (sog. invisible fence). Das Kasino (1824 von Schinkel) wird von Pergolen flankiert. Besonders bei Sonnenuntergang entsteht hier ein wahrhaft italienischer Eindruck. Jenseits des Jungfernsees erkennt man die Türme des Pfingstbergschlosses Friedrich Wilhelms IV. Auf der Rückseite des Kasinos befand sich ein Pompejanisches Gärtchen mit der Antikenkopie des Betenden Knaben. In Richtung Klosterhof steht in einem Rondell eine Diana (1983 nach dem vom Prinzen Carl hier aufgestellten antiken Original). Das Beet, das die Figur umgab, war den Beschreibungen der Villa Tuscum von Plinius in dessen Briefen entlehnt. Der Klosterhof (1850 von F. v. Arnim) beherbergt die byzantinischen Stücke aus Prinz Carls Antikensammlung. Ihm schließen sich die zylindrisch verglasten Treibhäuser und dahinter die Orangerie (1839 von Persius, wiederaufgebaut) an. Der Rundgang durch den pleasureground ist damit beendet.

1979 – 85 wurde der pleasureground von der Gartendenkmalpflege wiederhergestellt. Durch gartenarchäologische Grabungen wurden die 1939 verschütteten Lennéschen Wege, die alte Topographie, die ursprünglichen Wasserleitungen und gemauerten Einfassungen von Blumenbeeten freigelegt. Sie dienten neben dem umfangreich vorhandenen Quellenmaterial als Grundlage für die Wiederherstellung. So konnten die Parkaussichten über die Havel, die Wege, Brunnen und Figuren zurückgewonnen werden. Auch die für den pleasureground wichtigen Blumenbeete mit ihren charakteristischen Einfassungen aus Ton in Form von Palmetten, Akanthusblättern, Lilien und Korallen sind wieder ein besonders schmückendes Element.

Im Landschaftspark folgen entlang der Havel aufeinander: das Hirschtor (1842 von Persius und Rauch), das Gärtner- und Maschinenhaus (1837 von Persius), das

Klein-Glienicke, Große Neugierde

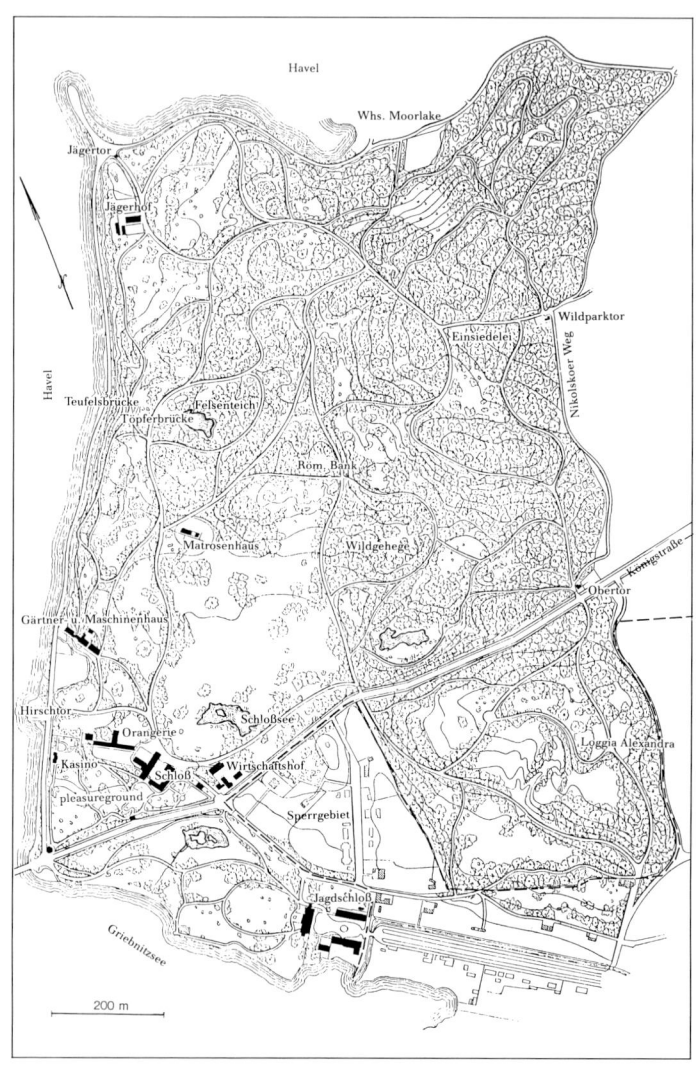

Klein-Glienicke

Heilandskirche Sacrow

Matrosenhaus (1840 von Persius umgebaut), ein Aussichtsrondell, wegen des früher hier aufgestellten Zeltes Zeltenplatz genannt, und die Teufelsbrücke (1838 von Persius), die so gebaut wurde, als hätte der unter ihr rauschende künstliche Wasserfall sie zum Teil zerstört (wird 1989 wiederhergestellt). Die Erhabenheit der Naturkräfte sollte damit ausgedrückt werden. Etwas höher liegen die Töpferbrücke (ebenfalls 1838 von Persius) und der See, welcher mit hochgepumptem Havelwasser gespeist wird. Die nahe Kalksteinbastion auf dem Kanonenberg stammt aus den dreißiger Jahren dieses Jahrhunderts. Ganz am Ende des Parks wurden der Jägerhof (1838 von Schinkel) und das Jägertor (1842 von Persius) in den Formen der Tudorgotik errichtet. Von der Landzunge Krughorn sieht man am anderen Havelufer die Heilandskirche (1841 von Persius). Sie liegt in einem ehemaligen Gutspark, den Friedrich Wilhelm IV. 1840 angekauft hatte und durch Lenné verschönern ließ. In erster Linie als Blickpunkt von Glienicke aus gedacht, diente die Kirche dem König und den Dorfbewohnern als Gotteshaus.

Einen weiten Blick über die große Wiese hat man von der Römischen Bank (um 1840). Ursprünglich blickte man über einen kleinen künstlichen See, der zur Bewässerung der tiefer gelegenen Wiesen entleert wurde, bis nach Potsdam. Auf der Treppe zur Römischen Bank liegt eines der wenigen im Originalzustand erhaltenen Pflastermosaike. Auf einer Anhöhe findet sich ein Familienfriedhof, auf dem Prinz Friedrich Leopold, der Enkel des Erbauers, und dessen Nachkommen beigesetzt sind (1917 – 85).

Teufelsbrücke

Böttcherberg

Auf der anderen Seite der Königstraße beginnt der Aufstieg zum Böttcherberg. Dieses Gelände gehörte schon seit 1804 zum Gut, wurde seit den dreißiger Jahren in die Planung für die Parkanlagen mit einbezogen und erhielt durch die Errichtung der Loggia Alexandra (1869 von Alexander Gilli) auf einer bevorzugten Anhöhe seine endgültige Gestalt. Den Namen gab die Zarin Alexandra, Prinz Carls Schwester. Auf der Höhe hat man den Eindruck, auf geheimnisvolle Weise der Stadt entrückt zu sein. In den Waldbeständen befinden sich Schneisen nach Babelsberg, Potsdam, zur Friedenskirche im Park von Sanssouci und auf die Havel.

Der westlich der Anhöhe im Tal vorbeiführende Weg wurde durch künstliche Felsen gelegt, um wie ein dem Gelände abgerungener Hohlweg zu wirken. Südlich des jetzt von den DDR-Grenzanlagen umgebenen Böttcherberges gelangte man durch ein Tor zum Griebnitzsee, zur Auffahrtsallee des Jagdschlosses Glienicke und nach Babelsberg.

Jagdschloß Glienicke

Ebenfalls südlich der Königstraße befindet sich das Areal des Jagdschlosses. Die erste Anlage stammt vom Großen Kurfürsten. Von ihr ist nichts erhalten. Erst später erhielten Schloß und Garten ihre endgültige Gestalt. Prinz Carl kaufte das Anwesen 1859 für seinen Sohn Friedrich Carl. Daraufhin gestalteten 1860-62 Lenné den Garten und Ferdinand v. Arnim das Schloß neu. Weitere Umbauten am Schloß erfolgten 1889 und 1963.

Böttcherberg, Loggia Alexandra
Jagdschloß Glienicke, Garten mit neuem Teich

Heute ist die Gesamtkonzeption schwer nachvollziehbar: Die Auffahrtsallee zum Schloß wird von den DDR-Grenzanlagen eingenommen, und man kann das Schloß nur von der Parkseite erleben. An der Straße wurde 1939 erheblich aufgeschüttet, zwei Seen waren verschwunden, Gelände und Wegeführungen rücksichtslos verändert. Geblieben war die großartige landschaftliche Lage des Gartens an der Havel. Babelsberg und Potsdam erscheinen greifbar nah, und besonders der von Schinkel geprägte Schloßbezirk auf der anderen Straßenseite wirkt wie im selben Park gelegen. Nördlich des Schlosses steht das neobarocke Kurfürstentor (1860 von Koch), zu welchem eine Büste des Großen Kurfürsten sowie zwei alte eiserne Prellsteine mit Ritterköpfen gehören. Seit 1900 ist das Tor zugemauert. Der bislang verschlossene Park konnte 1983 der Öffentlichkeit zugänglich gemacht werden. Die bis 1987 erfolgte gartendenkmalpflegerische Wiederherstellung hat ihm viel von seinem ehemaligen Reiz und Erlebnisreichtum zurückgegeben.

Im Zuge großer Geländeveränderungen konnten der verschüttete Teich mit zwei Inseln und zwei Brücken, deren originales Aussehen nicht überliefert ist, zurückgewonnen werden. Die Wegeführung entspricht wieder dem Zustand von 1862. Noch unbefriedigend ist der Übergang zur Glienicker Brücke (das Brückentor ist 1939 abgerissen worden) und die unmittelbare Umgebung des Schlosses mit ihren modernen Einbauten. Der Hof östlich des Schlosses soll noch gartendenkmalpflegerisch wiederhergestellt werden.

BERLIN (OST)

① Friedrichshain   ② Treptower Park   ③ Friedrichsfelde

FRIEDRICHSHAIN

Der Friedrichshain

Vom Tiergarten abgesehen, der bereits seit dem 18. Jahrhundert der Erholung im Grünen diente, war der Friedrichshain der erste für die Berliner Bevölkerung angelegte Park. 1840 wurde der Beschluß gefaßt, zum 100. Jahrestag der Thronbesteigung Friedrichs II. Der Magistrat schrieb einen Wettbewerb aus, den Gustav Meyer, der damals 24jährige Schüler Lennés, gewann. 1846-48 wurde der Park ausgeführt. Ein Ehrenfriedhof für die Gefallenen von 1848 kam hinzu. Hier wurden 1918 noch neun kommunistische Matrosen beigesetzt (gußeiserne Grabmäler und Matrosenstatue von H. Kies). Der umfangreiche Neubau des ersten städtischen Krankenhauses verschlang 1868 einen Teil des Parks. Jedoch konnte Meyer den Park 1874/75 um das Stück zwischen Virchow- und Dimitroffstraße erweitern, wo er, ähnlich wie in Treptow, einen 250 m langen hippo-dromförmigen Spielplatz anlegte. Dieser ist in den fünf-ziger Jahren zum Schwimmstadion umgebaut worden.

Die Hauptattraktion im Friedrichshain ist der Mär-chenbrunnen, 1913 nach Entwurf des Stadtbaurats Ludwig Hoffmann als Parkeingang am Königstor errichtet. Die Kolonnadenarchitektur folgt barocken Vorbildern. Das ständig sprudelnde und rauschende Wasser im Ver-ein mit den am Beckenrand aufgestellten Tier- und Mär-chenfiguren übt eine besondere Anziehungskraft aus. Charakteristisch ist die zeitgenössische Kritik dieses

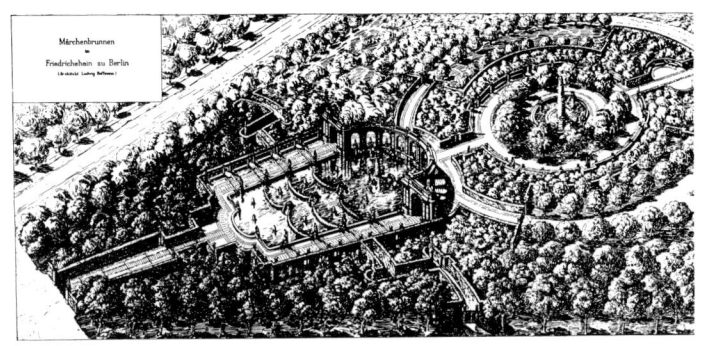

Märchenbrunnen
im
Friedrichshain zu Berlin
(Architekt Ludwig Hoffmann)

Vogelschau des Märchenbrunnens

Friedrichshain, Märchenbrunnen

spätwilhelminischen Brunnens: „Er führt die Kinder einer äußerst kinderreichen Gegend wieder zurück zu den schönen Märchen." Hinter dem Brunnen befindet sich noch ein zweites Rondell mit Brunnen und Kindergruppen. Rechts und links davon liegen hübsche Blumengärten aus den fünfziger Jahren.

Während der Märchenbrunnen sorgfältig restauriert ist, bietet der übrige Teil ein stark verändertes Bild. Hauptursache sind zwei Flakbunker aus dem II. Weltkrieg, die unter Trümmerbergen versteckt wurden. In der Folge gestaltete Gartenarchitekt Reinhold Lingner das Meiste neu. Der große Bunkerberg beansprucht die Mitte des Parks. Dem Kanonenberg aus der ursprünglichen Anlage ist eine Freilichtbühne angelehnt worden. Der Volkspark hat Liegewiesen und vielfältige Spielplätze. Zur Anlage einer Rodelbahn wurde der kleine Bunkerberg genutzt. Nördlich des Teiches befindet sich seit 1972 eine Freizeitanlage mit Tischtennis- und Minigolfeinrichtungen sowie einer großen Wasserglocke (1974 von Achim Kühn). Am Eingang von der Werneuchener Straße erhebt sich ein hoher Pylon mit stilisierter Fahne, der Mittelpunkt des Ehrenmals für den gemeinsamen Kampf der polnischen Soldaten und deutschen Antifaschisten (1971/72). Von hier sieht man auf ein ausgedehntes Rasenstück, die Fläche eines zerstörten Häuserblocks. In der Nähe noch das Sitzbild einer Mutter (1898 von Edmund Gomansky).

An der Friedenstraße das Denkmal für die antifaschistischen Kämpfer im Spanischen Bürgerkrieg (1968 von Fritz Cremer). Ebenfalls nahe der Friedenstraße befindet sich ein Parkrestaurant, weitere Erfrischungen bietet ein Stand nahe dem Teich.

TREPTOW

Treptower Park

Treptow, an der Spree gegenüber Stralau, südlich von Berlin gelegen, war schon lange ein beliebter Ausflugsort der Berliner gewesen. Die explosionsartige Bevölkerungszunahme der Stadt seit ca. 1860 aber überforderte die traditionellen Erholungsgebiete. Daher beschloß der Magistrat den vorhandenen Grünanlagen am historischen Stadtrand (dem Tiergarten im Westen und dem Friedrichshain im Osten) zwei weitere im Norden und Süden hinzuzufügen. Auf diese Weise entstanden der Humboldthain und der Treptower Park.

Gustav Meyer entwarf 1864 einen Park für Treptow, der den Besucherstrom besser auffangen und lenken sollte als bisher. Den Realitäten des Ballungsgebiets folgend, verzichtete er ganz auf die sonst üblichen, repräsentativen Schmuckanlagen. Ins Herz der Anlage legte er einen großen, hippodromartigen Spielplatz, umgeben von Wallalleen, aus denen man die Spiele beobachten konnte und die aus dem Aushub des benachbarten Karp-

Treptow, Sowjetisches Ehrenmal

fenteichs gewonnen wurden. Die Spielplätze dieser Zeit waren nichts als weite, geometrisch von Alleen gefaßte Rasenflächen, die im Gegensatz zu den übrigen betreten werden durften. Im Vordergrund stand allerdings das organisierte Spiel im Rahmen des Schulsports. Erst 1876 begannen die Bauarbeiten nach Meyers Plänen. Als er im folgenden Jahr starb, übernahm Gartendirektor Hermann Mächtig die Leitung. In einer Gehölzgruppe nahe der Puschkinallee erinnert eine Büste von Albert August Manthe (1890) an Meyer. Seine Planung ist auch heute noch erkennbar. Sie äußert sich in dem Wechsel von großen Wiesenräumen und mehr geschlossenen Gehölzpartien sowie in einem in weiten Schwüngen geführten Wegenetz mit abwechslungsreichen Ausblicken. Im Kontrast zu diesen landschaftlichen Partien steht der geometrische Spielplatz im Zentrum der Anlage. Der Treptower Park verdeutlicht – neben dem Humboldthain und dem Friedrichshain – die von Meyer entwickelte Prägung des Stadtparks, die landschaftliche Schönheit, Schlichtheit und Großzügigkeit mit Nutzbarkeit verbindet.

Vom S-Bahnhof Treptower Park geht man zuerst die Spree entlang. Ausflugsfahrten zu Schiff sind möglich. Man kommt in einen Rosengarten (1968 von Dipl. Gärtner Hubert Matthes), der mehrere moderne Plastiken und einen flachen Springbrunnen enthält. Ein Granit-Triumphbogen in der Achse des Brunnens führt zum sowjetischen Ehrenmal, das 1946-49 auf dem Gelände des zentralen Spielplatzes errichtet wurde. Zwischen geschnittenen Lindenhecken gelangt man zur Plastik Mutter Erde, vor der sich links der gewaltige Anblick des Ehrenmals auftut. Säulenpappeln und Trauerbirken unterstreichen den ernsten Charakter. Man bewegt sich auf ein Portal zu, das aus stilisierten gesenkten Fahnen und zwei trauernden Bronzesoldaten gebildet wird. Erst wenn man das Portal erreicht hat, erblickt man das vertiefte Gräberfeld, in dem 5000 Sowjetsoldaten beigesetzt sind. Seitlich schildern zweimal 14 Reliefs den Krieg 1941-45. Am Ende erhebt sich auf einem rasenbedeckten Kegelstumpf die Kolossalstatue des über den Nationalsozialismus siegenden Soldaten mit einem Kind auf dem Arm.

An der traditionsreichen Gaststätte Zenner gelangt der Besucher wieder an die Spree. Von hier aus erstreckt sich bis in die Nähe des Bahnhofes Baumschulenweg der Plänterwald. Er wurde von 1876 an nach Vorschlägen Meyers aufgeforstet, erschlossen und seit etwa 1960 als „Kulturpark" umgestaltet. Auf der gegenüberliegenden Seite der Spree lohnt ein Besuch des 1919-31 entstandenen Volksparkes Wuhlheide.

Aus: Berlin und seine Bauten 1896, Bd. I, S. 58

149

Rosengarten im Treptower Park

LICHTENBERG

Friedrichsfelde

Friedrichsfelde ist heute in erster Linie durch seinen 1955 eröffneten Tierpark bekannt.

Das Gelände, auf dem im 17. Jh. der Generaldirektor der brandenburgischen Marine, Benjamin Raule, ein kleines Schloß anlegen ließ, war wesentlich kleiner. Es umfaßte nördlich und südlich des Gebäudes zwei von Kanälen begrenzte Parterres und wurde nach Süden durch lange Alleen fortgesetzt. Der Besitz fiel dann an König Friedrich I., der ihm seinen heutigen Namen gab, und gehörte später wechselnden Eigentümern, darunter dem Prinzen Ferdinand.

Heute erinnern nur die Raumbildungen an den barokken Garten. Das Südparterre mit Blumenornamenten auf Rasen, Vogelhäuschen und einem Wasserbecken vor dem Schloß ist eine gutgemeinte, aber ganz unhistorische Neuschöpfung. Das Nordparterre ist 1988 rekonstruiert worden. Im eigentlichen Tierpark sind zwei Löwengruppen vom Kaiser-Wilhelm-Denkmal (Reinhold Begas 1892 – 97), das an der Berliner Schloßfreiheit stand, aufgestellt worden. Sie sollen zusammen mit modernen Tierplastiken die zoologische Anschauung bereichern. Ein Riesenhirsch und eine Säbelzahnkatze aus Bronze verkörpern ausgestorbene Tiere (von Erich Oehme). Am Lennéring steht auch eine Lennébüste (1964 von Senta Baldamus), während von Lennés gestalterischem Werk in Friedrichsfelde wenig geblieben ist.

Friedrichsfelde, Nordparterre

POTSDAM (DDR)

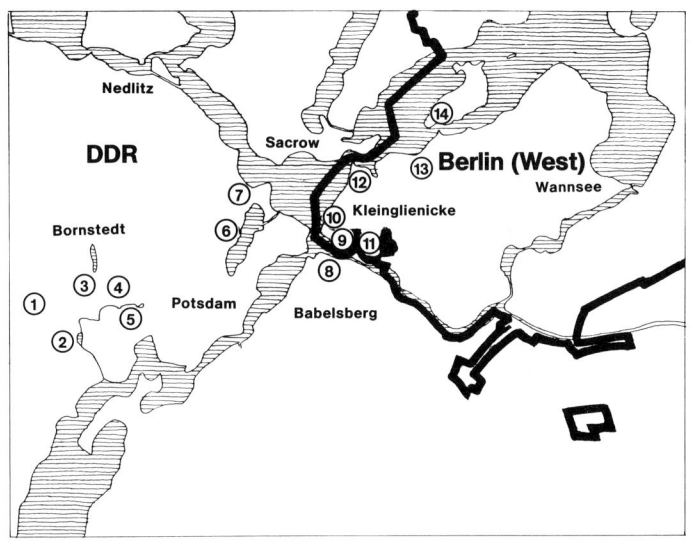

Gärten in und bei Potsdam

① Neues Palais
② Charlottenhof
③ Neue Orangerie
④ Schloß Sanssouci
⑤ Marlygarten

⑥ Neuer Garten
⑦ Cecilienhof
⑧ Schloß Babelsberg
⑨ Jagdschloß
⑩ Schloß Kleinglienicke

⑪ Böttcherberg
⑫ Jägerhof
⑬ Nikolskoe
⑭ Pfaueninsel

153

Sanssouci, Weinbergterrassen

Sanssouci

Der Name Sanssouci (Sorgenfrei) offenbart die Absicht Friedrichs II., hier jenseits der Repräsentationspflichten zu leben, nicht wie ein König, sondern wie ein Philosoph. Die Idee zu der Gartenanlage, wie er sie hinterließ, entstand in mehreren Abschnitten. 1744 wurde erst die Weinbergterrasse angelegt, 1745 folgten das Schloß und am Fuße des Hanges ein Parterre, dann die Erweiterungen nach Westen und Osten, 1748 der Ruinenberg. 1751 begann die Durchformung des westlich anschließenden Rehgartens, in dessen südöstlichem Bereich einer weitverbreiteten Chinamode folgend 1754 das Chinesische Teehaus inmitten eines von Schlängelwegen durchzogenen anglo-chinoisen Gartens entstand. Mit dem Bau des Neuen Palais 1763-69 fand der Rehgarten einen repräsentativen Abschluß im Westen. Am Rande der Gesamtanlage kamen noch die Neptungrotte 1751, das Drachenhaus und das Belvedere hinzu, beide 1770.

Im wesentlichen ist das friderizianische Konzept auch heute noch bestimmend, trotz der nach Friedrichs Tode einsetzenden landschaftlichen Umgestaltung. Zur Besichtigung der Anlagen Friedrichs II. betritt man den Park von der Schopenhauerstraße am Obelisken (1748). Man steht dann in der 2,5 km langen Hauptallee, an deren Ende das Neue Palais zu erahnen ist. Das sog. Obeliskportal mit acht korinthischen Säulen entwarf Knobelsdorff 1747 als Wiederholung des Portals in Rheinsberg. Vom Mittelpunkt strahlen Lindenreihen in die ehemals freie Landschaft aus. Statt der Rasenfelder im

Sanssouci, Drachenhaus

ersten Gartenabschnitt hinter dem Portal muß man sich heckengesäumte Bosketts vorstellen, die die rechterhand gelegene Neptunsgrotte zunächst dem Blick verhüllen. Die Grotte, von Knobelsdorff, entfaltet ihren vollen Zauber nur, wenn das Wasser aus zwei Nymphenkrügen sich ergießt und von einer der zweimal fünf Muschelschalen in die andere rauscht. Innen ist die Grotte ganz mit Muscheln und künstlichen Wasserpflanzen verkleidet.

Es folgt in der Hauptallee ein rekonstruiertes Boskett mit einem Rondell, das Porträtbüsten des Hauses Oranien enthielt. Das Boskett war ursprünglich mit Obsbäumen gefüllt. Rechts führt ein Weg zur Bildergalerie hinauf. In dem ehemaligen, halbrunden Broderieparterre davor stehen heute nur einige geschnittene Taxus auf dem Rasen. Man gelangt nun zum Hauptparterre mit dem von Statuen umgebenen Fontänenrondell und kann von hier aus über die kürzlich rekonstruierten Weinbergterrassen zum Schloß emporsteigen. Dieses wird seitlich von Laubengängen mit Büsten davor fortgesetzt. Friedrich hat dieses Motiv aus Charlottenburg übernommen. Die eisernen Endpavillons traten noch zu seinen Lebzeiten an die Stelle von hölzernen. Vom Hof des Schlosses erblickt man den Ruinenberg. Knobelsdorff entwarf die Ruinen als malerische Rahmung eines Wasserreservoirs. Der Bildergalerie entsprechen auf der Westseite des Schlosses die Neuen Kammern. Der dazugehörige Obstgarten ist durch ein Rosenparterre (1953-58) ersetzt. Hinter dem Schloß Sanssouci liegt die Gaststätte zur Historischen Mühle. Verfolgt man die Maulbeerallee weiter, trifft man bald auf den Wegweiser zum Café im Drachenhaus. Dieses kleine, bunt bemalte Gebäude mit teilvergoldeten Drachen auf den Dächern folgt dem Vorbild chinesischer Pagoden. Die erste Pagode in europäischen Gärten war 1762 in Kew bei London entstanden und ein Jahr später publiziert worden.

Nebenan liegt ein Weinberg, den der im Drachenhaus wohnende Gärtner bestellte. Am Ende einer nach Westen führenden Schneise sieht man die Ruine des 1945 zerstörten Belvederes. Es gewährte einst einen weiten Panoramablick, wie der Name andeutet.

In der Nähe des Neuen Palais trifft man auf zwei kleine Rundtempel (1768), die bereits in die Epoche des Klassizismus und des Landschaftsgartens gehören: Der Antikentempel im Norden enthielt eine wertvolle Sammlung von antiken Plastiken, Münzen und Gemmen. 1921 wurde hier die letzte Kaiserin Auguste Viktoria beigesetzt. Der Freundschaftstempel im Süden ist dem Andenken an Friedrichs 1758 verstorbene Lieblingsschwester Wilhelmine v. Bayreuth gewidmet. Man sieht von hier zur Fasanerie (s. u.). In der Nähe steht ein Eisenpavillon (um 1770), wie auf der obersten Schloßterrasse. Das protzige Neue Palais, das die Leistungsfähigkeit Preußens nach dem Siebenjährigen Kriege beweisen sollte, wird von klassizistischen Rasenparterres aus der Erbauungszeit umgeben. Im Rondell stehen alte Lorbeerkübel und Figuren (die heutigen Kopien von Originalen um 1850, die mit ihren Piedestalen nicht harmonieren), nördlich des Neuen Palais' am Weg eine Herme Lennés (1847 nach Rauch).

Zwischen den geometrischen Anlagen des Neuen Palais und des Schlosses Sanssouci liegt der Rehgarten, zu Friedrichs Zeit ein Wald mit einigen heckengesäumten Schlängelwegen. In ihm liegt das Chinesische Teehaus, nach einem Vorbild in Lunéville/Lothringen. Auch seine Umgebung bestand aus geschorenen Hecken und ist nicht original erhalten. In diesem Gebäude sind ideale Vorstellungen des Wunderlands China opernhaft in die Welt des europäischen Rokokos übersetzt.

Geht man durch die Hauptallee zurück, passiert man einige künstlerisch wertvolle Marmorstatuen und -vasen, die noch aus der ersten Zeit des Gartens stammen.

Sanssouci, Chinesisches Teehaus

Sanssouci, Musenrondell

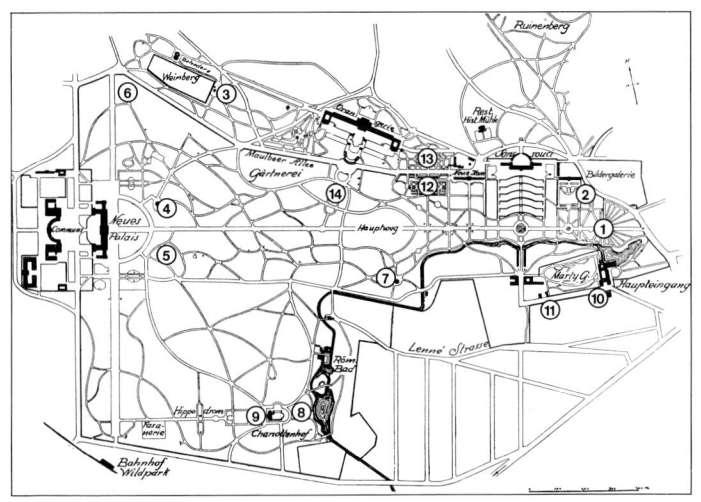

Sanssouci

① Obeliskportal   ⑥ Lennéherme   ⑪ Villa Liegnitz
② Neptungrotte   ⑦ Chines. Teehaus   ⑫ Sizilian. Garten
③ Drachenhaus   ⑧ Rosengarten   ⑬ Nordischer Garten
④ Antikentempel   ⑨ Dichterhain   ⑭ Jubiläumsterrasse
⑤ Freundschaftstempel   ⑩ Friedenskirche

Charlottenhof, Blick von den Römischen Bädern
zum Schloß

Charlottenhof, Römische Bäder, Teepavillon

Die zweite für Sanssouci bedeutende Periode begründete Friedrich Wilhelm IV. Ihm stand als Gartenkünstler Lenné zur Seite. Mit Charlottenhof wurde 1826, als Friedrich Wilhelm noch Kronprinz war, der Anfang gemacht. Als Grundstück für ein kronprinzliches Sommerhaus erwarb der König eine große Ackerfläche südlich des Rehgartens. Während Schinkel nach Angaben des Kronprinzen die Gebäude konzipierte, legte Lenné den Park an, in dem er – anders als im Rehgarten und im übrigen Sanssouci – ungehindert die vorhandenen Weiten ausnutzen konnte. Die tiefen Wiesendurchblicke in Charlottenhof gehören zu den großartigsten landschaftlichen Eindrücken in Potsdam.

Die Umgebung des wie Glienicke als römische Villa erbauten Schlosses ist geometrisch gehalten. Von der Geschwister-Scholl-Straße führt eine gerade Lindenallee darauf zu. Rechts liegt ein intimer Rosengarten (1835), links ein rasterförmiger Kastanienhain mit den Hermen der Dichter Ariost, Tasso, Dante, Petrarca, Wieland, Herder und Schiller (1851 von Gustav Bläser), daran schließt das Hippodrom (1836), in dem sich rechts ein Stibadium, das ist ein Gartensitz zum Tafeln, erhebt (1837-45 von Schinkel). Das Hippodrom, in der Antike eine Pferderennbahn, geht zurück auf die zu dieser Zeit viel gelesenen Briefe des Plinius, in denen er seinen Garten zu Tuscum beschreibt. Ganz im Westen folgt die Fasanerie (1842-44 von Persius), wo die Fasanen untergebracht wurden, die der Neuanlegung des Berliner Zoos auf einem vormaligen Fasaneriegelände weichen mußten. Die Villa umschließt zusammen mit einer Pergola, die an Glienicke erinnert, und einer der damals so beliebten Rundbänke einen erhöhten Gartenhof, den Kern der ganzen Anlage. Von hier kann man das Parkgelände überblicken und sieht links das Neue Palais, rechts die Römischen Bäder. Der Gartenhof ist geometrisch bepflanzt. Das Wasser aus der Brunnenschale läuft, in regelmäßige Fäden zerlegt, über ihren Rand. Unterhalb des Hofs steht in einem Wasserbecken die Säule mit der Büste der Kronprinzessin Elisabeth (1825/26 von F. Tieck). Unter zwei mächtigen Platanen, einem Sinnbild des Südens, schlägt man den Weg zu den Römischen Bädern ein. Man bemerkt einen Teich, den Lenné aus dem Grenzkanal schuf und der früher mit Gondeln befahren wurde. Die Römischen Bäder bestehen aus dem Haus des Hofgärtners Hermann Sello (rechts), dem Gärtnergehilfenhaus (links), den eigentlichen Bädern hinter diesem und dem tempelartigen Teepavillon am See. Dieser Komplex entstand schrittweise 1829-40 in ständiger Fortführung der Bauideen des Kronprinzen unter Leitung von Schinkel und Persius. Dazu gehören zwei geometrische Gärtchen. Im vorderen rechts die Büsten der Eltern des Kronprinzen: Friedrich Wilhelms III. und der Königin Luise (1834 von Rauch). Der hintere grenzt an den Gondelkanal, der hier von einem Laubengang überwölbt wird. Diese Idee entstammt einer Radierung von Salomon Geßner, die in Charlottenhof hängt. Die Bepflanzung der Umgebung des landschaftlich geformten Teiches stammt aus neuerer Zeit.

Nach der Thronbesteigung Friedrich Wilhelms IV. wurde eine Fülle weiterer Projekte in Angriff genommen. Als er Schloß Sanssouci zu seinem Sommersitz ausbaute, veränderte er das Parterre unterhalb des Weinbergs durch das Fontänenbecken (1842 von Persius), vier Säulen (1843 von Stüler), acht Rundbänke mit Pflastermosaiken und vier wannenartige Brunnen (1848 von Hesse).

Bald entstand auch nahe der Stadt die Friedenskirche mit mehreren Nebengebäuden (1845-54 nach Plänen von Persius). Hierzu gehört auch das Pförtnerhaus mit dem Grünen Gitter, das seitdem Haupteingang ist. Ihren besonders romantischen Reiz erhält diese an byzantinischen Vorbildern orientierte Kirchenanlage durch die

Charlottenhof, Haus des Hofgärtners H. Sello

Verbindung mit einem See, der einige ihrer Mauern umspült. Friedrich Wilhelm IV. und seine Gemahlin wählten die Gruft der Kirche zu ihrer Grabstätte. Später wurden noch Kaiser und Kaiserin Friedrich in einem eingefügten Mausoleum bestattet. Dem westlich anschließenden Marlygarten gab Lenné 1846 seine heutige Form. Er ist durch eine Mauer vom übrigen Park abgeschirmt, unterstreicht als kleiner landschaftlicher pleasureground die Reize des Gotteshauses und verdankt seinen Namen Friedrich Wilhelm I., der hier einen schlichten Küchengarten unterhielt. Er nannte ihn sein Marly, den teuren Garten Ludwigs XIV. zu Marly ironisierend. Hinter der Plastik einer Flora (vor 1850 von Emil Wolff), um die sich ein großes Blumenbeet herumlegt, kann man von einer Bank die Anlage überblicken. Zwischen dem Marlygarten und der Achse des Weinbergschlosses steht das seit dem 18. Jh. als Gartendirektion genutzte Gärtnerhaus und davor eine Statue Friedrichs II. (1889 von Joseph Uphues). Auf der anderen Seite der Allee nach Sanssouci bemerkt man einen von Lenné angelegten, in Restaurierung begriffenen Garten. Er gehört zur ehemaligen Villa der Fürstin Liegnitz und schließt mit einem Stibadium (1841 von Stüler) wie in Glienicke ab.

Westlich vom Schloß Sanssouci befinden sich beiderseits der Maulbeerallee der Nordische und der Sizilianische Garten, Spätwerke Lennés (1857-60). Der geometrische Sizilianische Garten enthält Palmen und andere südliche Gewächse in Kübeln, zwei Springbrunnen, in der Mauer eine Grotte, Blumenrabatten und in der Mitte einen runden Laubengang aus Hainbuchen. Der Nordische Garten hingegen prangt von immergrünen Nadelgehölzen. Blickfang ist ein strenger Tempelportikus mit einer Grotte. Diese Häufung verschiedenster Pflanzenarten und Gartenstile ist für den Historismus nach 1850 kennzeichnend. Vom Nordischen Garten kommt man zu dem monumentalsten Bauwerk, der Neuen

Sanssouci, Marlygarten mit Friedenskirche

Orangerie (1851-60 nach Plänen von Persius). Der Mittelbau mit seinen zwei Türmen, die man besteigen kann, und die blockartigen Kopfbauten dienten Wohnzwecken, während die schmalen Flügel im Winter die Kübelpflanzen aufnahmen. Vor ihrer gesamten Breite befindet sich eine streng architektonisch gestaltete Terrassenanlage, die mit Wasserkünsten, plastischem Schmuck und Pflanzendekorationen einen südländischen Eindruck vermittelt.

Am Fuße der großen Treppenanlage liegt die Jubiläumsterrasse von 1913, dem 25. Regierungsjubiläum Wilhelms II. Sie umfaßt die beiden untersten Treppenläufe, die Grotten dazwischen und das davorgelegene Rasenparterre, in dem neuerdings ein Bogenschütze (1902 von Ernst Moritz Geyger) und ein Reiterstandbild Friedrichs II. (1865 nach Rauch) aufgestellt wurden.

Sanssouci, Jubiläumsterrasse und Neue Orangerie

Sanssouci, Sizilianischer Garten

Der Neue Garten

In bewußter Distanzierung von den Anlagen seines Onkels Friedrich II. ließ sich Friedrich Wilhelm II. 1787 am Ufer des Heiligen Sees bei Potsdam einen Neuen Garten anlegen. Der Hofgärtner Johann Georg Morsch führte ihn nach Plänen Johann August Eyserbecks aus. Das Schloß, Marmorpalais genannt, entwarf Carl Gontard. Der Neue Garten entstand als sentimentaler Landschaftsgarten und drückte mit ägyptischen, antiken, maurischen und gotischen Parkarchitekturen die Sehnsüchte der empfindsamen Zeit aus. Neben dem Palais, heute Armeemuseum, liegt eine antike Tempelruine (1790 von Gontard), die den Eindruck erweckt, als hätte eine Bauernfamilie darin Wohnung genommen. Sie kaschiert die Schloßküche und ist durch einen unterirdischen Gang mit dem Schloß verbunden. Die Ausblicke über den stillen See sind, besonders abends, unvergleichlich. Von einer Bank führt eine Sichtschneise hinüber zum Pfaueninselschlößchen.

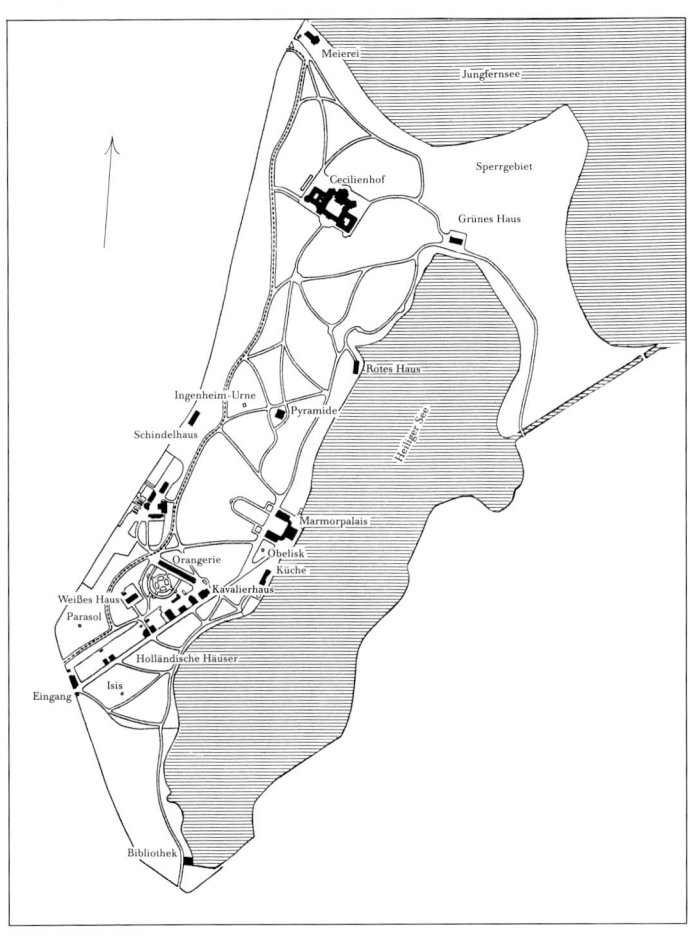

Der Neue Garten

Am Anfang des Sees steht, heute Ruine, der Gotische Turm, in dem Friedrich Wilhelm II. eine Bibliothek untergebracht hatte (1792 von Langhans). 1789-90 entstand das sog. Holländische Etablissement, eine Reihe von Wohnhäusern und Wirtschaftsgebäuden aus roten Ziegeln entlang einer Allee aus Pappeln (heute Säuleneichen). Langhans baute 1791 noch die Orangerie, vor der eine Eisenvase aus Charlottenburg (1705) steht, und die ägyptische Pyramide mit dem Eiskeller darunter. Sie zählt zu den frühesten ihrer Art in Norddeutschland. Nördlich des Palais am See steht das Rote, am Ende des Sees das Grüne Haus (nach dem ehemaligen Anstrich), zwei alte, vom König übernommene Gebäude, wo Personal einquartiert wurde. Auch Lenné hat 1816 als Geselle im Grünen Haus gewohnt.

Wie so vielerorts, veränderte auch hier Lenné den Garten im Sinne seiner Zeit, in dem er ihm mehr Großzügigkeit in der Raumbildung und Wegeführung gab, als es um 1790 üblich war.

1912-17 errichtete Paul Schultze-Naumburg am Ende des Neuen Gartens, zum Jungfernsee hin, für die Familie des Kronprinzen den Cecilienhof. Zugrunde lagen englische Landhausentwürfe von Edwin Lutyens und Richard Norman Shaw. 1945 fand hier die Potsdamer Konferenz statt, heute beherbergt das Schloß ein Interhotel und ein gutes Restaurant. In den Höfen sind einige intensiv gepflegte Gärtchen mit kunstvollen Taxusskulpturen und kleinen Brunnen.

Marmorpalais und Heiliger See

Babelsberg

Babelsberg wurde als Sommerwohnsitz des Prinzen Wilhelm geschaffen, der es von 1834 an und später als König und Kaiser Wilhelm I. bis zu seinem Tode bewohnte. Mit seltener Konsequenz ist alles gotisch gehalten, die Gebäude, Brunnen, Bänke und Mosaikpflasterungen. Charlottenhof und Glienicke, die vergleichbaren Landsitze im antiken Stil, bestanden schon, als der Prinz etwas Ähnliches begehrte und Lenné ihm riet, den damals sandigen und teilweise mit Kiefern und Eichen bestandenen Babelsberg dazu zu benutzen. Von hier hatte man ungezählte Aussichtsmöglichkeiten über die Havel in die Umgebung. Lenné strebte, angeregt durch eine Englandreise, „alles vereinzelt Schöne der historischen Überlieferungen in der Umgebung Potsdams durch eine verschönerte Landschaft harmonisch zu vereinigen." 1833 entwarf Schinkel das Schloß und Lenné den Park. Auffällig ist die Lage des Schlosses: Nur von der Havel ist es weithin sichtbar, während der Park es von den anderen Grundstücksgrenzen ganz abschirmt. Es taucht erst wie zufällig auf, nachdem man eine Weile durch den Park gefahren ist. Noch während des Baus starb Schinkel (1841), und Lenné wurde durch den Fürsten Pückler ersetzt (1843). Ludwig Persius und J.H. Strack vollendeten den Bau, Pückler änderte und erweiterte den Park, 1843 und 49 nach Westen, 1861-71 nach Süden. Von Osten

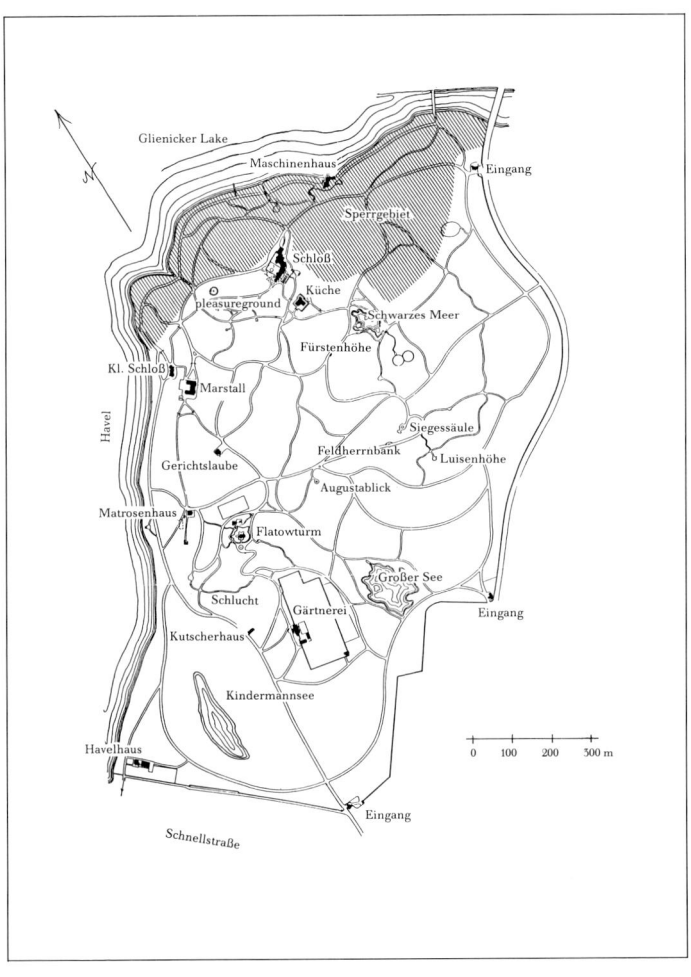

Babelsberg

kommend, wird man von einem weitläufigen Eichen-
und Buchenbestand auf hügeligem Gelände empfangen.
Als erstes trifft man auf die Siegessäule (1866-68), die
von einer Siegesgöttin von Rauch wie in Charlottenburg
und auf dem Mehringplatz bekrönt wird. Von der be-
schädigten, mit Mosaik gepflasterten Bastion hat man
viele von Baumkulissen gerahmte Ausblicke. Z. Zt. sind
erkennbar (v.l.n.r.): Brauhausberg, Nicolaikirche, Flatowturm und Pfingstberg. Unterhalb der Säule befindet
sich die halbrunde Feldherrnbank, die mit den Büsten
Bismarcks und preußischer Generäle aus den Kriegen
1864 bis 71 umgeben war. Näher am Schloß steht eine gotische Bank aus rotem Sandstein (Fürstenhöhe). Von
hier erstreckt sich ein Wiesenhang hinab zum blumen-
geschmückten pleasureground mit der Havel als Hinter-
grund. Rechts hinter der Bank war ein künstlicher See,
das sog. Schwarze Meer.

Auf dem Weg zum Schloß passiert man das etwas höher gelegene Küchengebäude (1844-49 von Strack),
dann südlich des Schlosses die mehrstufige kleine Vol-
taireterrasse, so genannt, weil die ursprünglichen, be-
schnittenen Linden aus einem Anwesen Voltaires
stammten.

Im Norden sind dem Schloß zwei Terrassen (1844)
vorgelagert, die beide mit feinen Pflastermosaiken belegt sind. Von der oberen (Goldterrasse) sieht man zur
Glienicker Brücke hinunter, die untere (Porzellanterras-
se nach den verwendeten Beeteinfassungen) wird von
Girlanden aus Resedawein eingefaßt und ist mit einem
großen Brunnen geschmückt. Der Bereich nordöstlich
des Schlosses mit dem Maschinenhaus an der Havel
(1843-45 von Persius) ist unzugängliches Grenzgebiet.
An die untere Terrasse schließt sich nach Westen der
pleasureground mit reichlicher Beetausstattung in der
Art Pücklers an. Die Beete werden mit farbig glasierten
Tonpalmetten eingefaßt oder sind als Körbe ausgebildet.

Babelsberg, pleasureground

Links ein Rosarium mit vergoldeten Eisengerüsten und an der tiefsten Stelle geradezu ein runder Blumengarten, beide mit Brunnen geschmückt. Leider sind sämtliche Wasserspiele seit Stillegung des Maschinenhauses nach 1961 außer Betrieb, und sieben Hohenzollerndenkmäler fehlen.

In Richtung Südwesten folgen weitere Bauten im Park. Zunächst das Kleine Schloß an der Havel (1841-42), dahinter der Marstall (1842), dann die Gerichtslaube (1871 von Strack mit gotischer Originalsubstanz aus Berlin erbaut). Am Hang zur Havel steht das Matrosenhaus nach dem Vorbild des Stendaler Rathauses (1868 von Strack) und auf der Höhe der Flatowturm (1853-56 von Strack), eine Nachschöpfung des Eschenheimer Tores in Frankfurt am Main. Aus Flatow kam das Baumaterial. Innen befanden sich Gästezimmer, und aus jedem Fenster sah man einen besonderen Landschaftsausschnitt. Der ganze Turm war von einem Wasserreservoir umgeben, so daß man ihn nur über eine Zugbrücke erreichen konnte. Im Gelände zwischen Turm und Havel findet sich noch eine gußeiserne Brücke in Form roher Äste und eine Bastion mit einer zerfallenen Rundbank um eine uralte Eiche. Der ebene Gartenteil im Süden mit einem natürlichen Teich kam unter Wilhelm II. hinzu.

Nicht unerwähnt seien weitere, meist weniger bekannte Anlagen bei Potsdam. Sie lohnen ebenfalls einen Besuch, auch wenn ihr Pflegezustand vielfach zu wünschen übrig läßt: Wildpark mit dem Bayerischen Haus, Belvedere auf dem Pfingstberg, Lindstedt, Caputh und das Dorf Bornstedt mit seinem Friedhof, auf dem mit der Bau- und Gartenkunst Potsdams eng verbundene Persönlichkeiten wie Ludwig Persius, Ferdinand v. Arnim, Peter Joseph Lenné und die Hofgärtnerfamilie Sello beigesetzt sind.

Babelsberg, Parkwiese

REGISTER

Verzeichnis der Park- und Gartenanlagen

Verzeichnis der Gartenkünstler

WEITERFÜHRENDE LITERATUR

– Berlin und Potsdam –

Baumann, P. und M. Hamm, Berlin: Naturlandschaften, Parks und Gärten. Berlin 1985

Baumann, P. und K. Noack, Der Botanische Garten Berlin. Berlin 1987

Berlin und seine Bauten, Teil XI Gartenwesen. 1972 Berlin/München/Düsseldorf

Berlin durch die Blume oder Kraut und Rüben: Gartenkunst in Berlin-Brandenburg. Ausstellungskatalog. Berlin 1985

Fintelmann, G. A., Wegweiser auf der Pfaueninsel (1837). Reprint Berlin 1986

Giersberg, H.-J. und A. Schendel, Potsdamer Veduten. Potsdam-Sanssouci 1982

Günther, H. und S. Harksen, Peter Joseph Lenné: Bestandskatalog der Lennépläne in der Plankammer der Staatlichen Schlösser und Gärten Potsdam-Sanssouci, Teil I – III, Potsdam 1989 (in Vorbereitung)

Günther, H. und H. Schönemann, Cecilienhof und der Neue Garten. Potsdam 1985

Hamann, H., Der Park Babelsberg. Potsdam 1984

Hinz, G., Peter Joseph Lenné. Hildesheim 1989 (in Vorbereitung)

Hoffmann, H. und S. Hüneke, Bauten und Plastiken im Park Sansscouci. Potsdam 1987

Krosigk, K. v., Der Landschaftsgarten von Klein-Glienicke. Berlin, Kulturbuchverlag 1984

Krosigk, K. v. und H. Wiegand, Glienicke. Berlin 1984

Milchert, J., Lebendiges Grün: Landschaftsarchitektur heute. Berliner Hefte 4. Berlin 1988

Potsdamer Schlösser in Geschichte und Kunst. Leipzig 1984

Richard, W., Vom Naturideal zum Kulturideal: Ideologie und Praxis der Gartenkunst im deutschen Kaiserreich. Berlin 1984

Seiler, M. und M. Sperlich, Schloß und Park Glienicke. Zehlendorfer Chronik 6. 3. Aufl. Berlin 1987: Bezirksamt Zehlendorf Abt. Volksbildung

Stürmer, R., Die historische Entwicklung des Viktoria-Parkes. Berlin, Kulturbuchverlag 1988

Volkspark und Arkadien: Peter Joseph Lenné zum 200. Geburtstag. Ausstellungskatalog. Berlin 1989 (in Vorbereitung)

Wendland, F., Berlins Gärten und Parke. Berlin 1979

Wendland, F., G. u. R. Wörner, Der Berliner Tiergarten: Vergangenheit und Zukunft. Berlin, Kulturbuchverlag 1986

Wimmer, C. A., Die Gärten des Charlottenburger Schlosses. Berlin, Kulturbuchverlag 1985

Wimmer, C. A., Peter Joseph Lenné: Pläne Bd. IV.: Bestandskatalog der Lennépläne in der Bundesrepublik Deutschland und Österreich. Berlin 1989 (in Vorbereitung)

– Gartenkunst allgemein –

Buttlar, A. v., Der Landschaftsgarten. München 1980

Gothein, M. L., Geschichte der Gartenkunst. Jena 1914, Reprint 1977, 2. Aufl. 1926, Reprint 1988

Hansmann, W., Gartenkunst der Renaissance und des Barock. 2. Aufl. Köln 1988

Hennebo, D., Entwicklung des Stadtgrüns von der Antike bis in die Zeit des Absolutismus. 2. Aufl. Hannover/Berlin 1979

Meyer, G., Lehrbuch der schönen Gartenkunst. Berlin 1860. Reprint Berlin 1985

Nehring, D., Stadtparkanlagen in der ersten Hälfte des 19. Jahrhunderts. Hannover/Berlin 1979

Pückler, H. v., Andeutungen über Landschaftsgärtnerei. Stuttgart 1834, zahlreiche Reprints

Wimmer, C. A., Geschichte der Gartentheorie. Darmstadt 1989

BILDNACHWEIS

Bundesgartenschau Berlin 1985 GmbH, Berlin (1)

Cornelia Bott, Stuttgart (2)

Manfred Hamm, Berlin (2)

Carl Hatebur, Berlin (2)

Christian G. Irrgang, Berlin (1)

Dietrich Krüger, Berlin (3)

KPM-Archiv, Berlin (1)

Landesbildstelle Berlin (4)

Nicolaische Verlagsbuchhandlung, Berlin (3)

Martin Schaefer, Berlin (9)

Der Senator für Stadtentwicklung und Umweltschutz – Abt. III / Gartendenkmalpflege –, Berlin (5)

Frank Silberbach, Berlin (16)

Rudolf Steinhäuser † (1)

Technische Universität Berlin, Institut für Landschafts- und Freiraumplanung, Berlin (6)

Clemens Alexander Wimmer, Berlin (36)

CLEMENS ALEXANDER WIMMER, 1959 in Berlin ge-
boren, studierte Garten- und Landschaftsgestaltung an
der TU Berlin und promovierte 1984 an der Universität
Hannover über die Gärten des Charlottenburger Schlosses. Arbeitet auf den Gebieten Gartengeschichte und
Gartendenkmalpflege.